내 가족을 위한 건강 도시락

도시락이 좋아

김수연 지음

for book fresh

contents

Part 4

차 안에서도, 학원에서도, 아무 데서나…
짬짬이 먹기 좋은 한 컵 도시락

"엄마 갔다 올게…
배고프면 자장면 시켜 먹어"

"엄마, 배고파!"
학교에서 돌아온 아이에게 전화가 걸려옵니다.
배고파, 엄마…. 일하는 엄마였던 저는 그 전화 한 통에
언제나 똑같이 목이 메었습니다. 매일, 언제나, 단 하루도
빼놓지 않고 걸려오는 전화라는 걸 알면서도 늘 그랬습니다.
"할머니 안 계셔? 할머니한테 밥 달라고 해."
"할머니 밥 말고 다른 거. 맛있는 거 먹고 싶어. 맛있는 거!"
맛있는 것.
그것 때문에 때론 불편하고, 때론 속상하고, 화가 나기도 했습니다.
엄마랑 있고 싶어서 그런 거라는 걸 알아서였습니다.
언제나, 아무 때나 그저 부르기만 하면 맛있는 걸 줄 수 있는 엄마로
그렇게 살 수 있으면 참 좋겠다고 수없이 생각했으니까요.
엄마 밥을 먹으면서 어른이 된다는 것.
이보다 더 따뜻한 인생은 없는 듯도 합니다.
엄마가 만들어준 음식을 먹으면서 한 뼘씩, 한 걸음씩,
알토란 같은 어른이 될 수 있다면, 그런 인생이면 괜찮은 거라고.
엄마 밥은 외로운 것도 가시게 하고,
힘든 일도 이겨낼 수 있게 하고,
더러 울고 싶을 때 그 눈물도 가만히 닦아주는 손수건 같습니다.
그걸 알면서도, 그걸 해줄 수 없는 엄마 마음이 얼마나 참담한지를…
잘 알아요.
그래서 이 책을 만들었습니다.
"배고프면 자장면 시켜 먹어"라는 말 대신,
엄마 없는 빈자리를 맛있게 채워줄 수 있는 무언가,
맛있는 무언가에 대해 함께 이야기하고 싶었기 때문입니다.

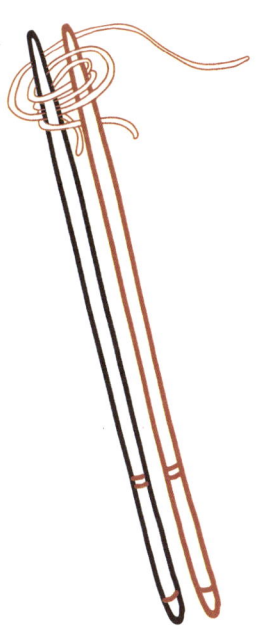

도시락을 쌉니다. 일하는 엄마, 잠시 집을 비워야 하는 엄마….
엄마 없는 그 시간에도 외롭지 말라고 만들어 주는 엄마 밥입니다.

❝ 엄마가 도시락 싸놓고 나왔어.
맛있는 거 해놨으니까 그거 먹어.
집에서 도시락 먹으니까 좋지? 재밌지?
그러니까 다 먹어야 해. 약속이다!❞

집으로 돌아와 식탁 위에 놓인 엄마 밥을 보면… 신나겠지요?

도시락! 도시락! 맛있는 도시락! 얘 좀 보세요. 정말 신났습니다.

아무 데서나 먹어도 다 맛있으니까,
그래서 도시락은 참 좋습니다

도시락을 정성껏 싸서 집에 놔두고 나오기 시작하면서
제 마음에 기쁨이 채워지기 시작했습니다.
도시락이라는 게 그런 거니까요.
찬이 없어도 맛있고, 왠지 설레는 한 상자의 선물 같은 거니까요.
귀한 내 새끼, 매일매일 엄마 밥 먹으라고
그 진심을 담아 밥을 선물하는 거지요.
끼니 되면 먹는 순둥이 같은 밥이 멋쟁이 선물이 되는 순간입니다.
"나도 도시락 좋아하는데. 나도 도시락 싸주라."
어느 날, 남편이 슬쩍 말을 걸어오데요.
"어휴! 그걸 언제 다 만들어? 애처럼 왜 그래? 이 사람이 진짜!"
일단 퉁을 주고 나서 생각해 보니 같이 사는 남자에게도
조금 미안한 생각이 들었습니다.
살아 보겠다고 뛰어다니는 그 남자도 아내 밥이 먹고 싶을 테니까요.
자기를 살게 하는 원동력은 회사 앞 또순이식당 아줌마 밥이라고,
툭하면 얄미운 소리 하는 남편에게도 가끔씩 도시락을 손에 들려 보냅니다.
그러면 아이보다 그 남자가 더 좋아하데요.
남자는 다 애 같다고, 그 말이 입증되는 순간입니다.
도시락은 마법 같습니다. 그 한 통의 밥이 얼마나 큰 위안이 되는지 몰라요.
귀찮기는 하지만 못할 것도 없습니다.
하지 않으니 엄두가 나지 않을 뿐, 막상 싸기 시작하면
손에 모터가 달린 듯 도시락 싸는 일에 리듬이 붙게 마련이지요.
그 기쁨을 당신도 함께 나눌 수 있었으면 좋겠습니다.
뭘 싸야 할지 몰라서 두 눈 껌뻑이며 손가락 물고 있을 누군가를 위해
소소하지만 그래도 감칠맛 나는
도시락 싸기의 노하우들을 차근차근 풀어냅니다.

도시락을 싸 가지고 학교에 다니던 때가 있었습니다.

생각해 보면 엄마는 정말 막막했을 것도 같습니다.

아이가 다섯이나 되는데, 그 아이들이 먹을 점심을 일일이 그렇게…

찬도 마땅치 않은데 매일매일 얼마나 캄캄했을까요?

하지만 그 마음 같은 건 생각지도 못했습니다.

그저 매일, 도시락 뚜껑을 열기 전에 기도했었지요.

오늘은 제발 콩자반이랑 미역줄기가 나오지 않기를,

오늘은 분홍색 소시지 같은 게 담겨 있기를….

뚜껑을 열면 수시로 참담했고, 아주 가끔은 행복했습니다.

점심 종이 울리면 도시락 뚜껑을 열면서 설레고, 실망하고,

그러면서도 늘 그 도시락을 다 먹어치웠던 시절.

이제야 그 시절의 아련한 기억들이 맛깔난 반찬처럼 마음으로 건너옵니다.

겨울이면 갈탄 난로 위에서 데워지곤 하던 양은도시락,

동그란 거버 이유식 병에 담겼던 신 김치, 그런 것들.

어른이 되어서야 알게 된 도시락의 기쁨을 내 아이에게도,

내 가족들에게도 다시 나눠주고 싶습니다.

그래서 이다음에, 다 자란 어른이 된 그 어느 날.

엄마의 도시락을 기억하며 소소한 행복에 젖을 수 있었으면 좋겠어요.

그러니까… 달걀프라이 하나만 얹어 주어도 행복했던,

도시락은 이 세상 모든 엄마들의 마음 상자 같습니다.

달걀프라이 하나만 얹어주어도 행복했던…
그러니까 도시락은 엄마 마음입니다

15

Basic Page

메뉴만 정하면 도시락을 쌀 수 있다는 생각은 오산! 도시락을 처음 싸는 사람들에게는 다양한 도시락 용기, 용기별 싸는 방법,
국물 새지 않게 담는 노하우, 마무리로 도시락 보자기와 주머니까지… 소소한 정보들을 알고 있는 것이 메뉴만큼 중요하다.

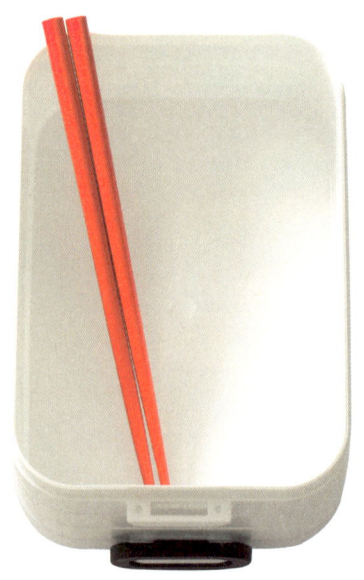

음식 따라, 기분 따라 그때그때 달라요
도시락 용기 고르기

늦은 밤, 쌀을 미리 불리고, 정성껏 재료를 준비하고 …
그리고 도시락 뚜껑을 짠, 하고 열었을 때의 감동과 감사!
이처럼 도시락은 싸는 사람에게도, 받아든 사람에게도
모두 선물 같기만 하다.
그래서 도시락 용기는 선물을 더욱 돋보이게 해주는 포장지가 아닐까?
때론 포장이 내용보다 더 중요할 수도 있다.
음식에 따라, 그날그날 기분에 따라…
도시락 용기를 선택하는 일은 행복한 도시락 싸기의 첫번째 노하우다.

스테인리스 스틸 2단 도시락

원형 2단 도시락

소스 용기

직사각형 2단 도시락

일회용 종이 도시락

반찬용 파티션

친환경 나무 도시락

타원형 2단 도시락

용도별··· 도시락 용기

찬합 층층이 포갤 수 있는 용기 서너 개를 한 벌로 구성한 음식 그릇. 대개 가족 단위로 나들이 갈 때 밥, 반찬, 간식 등을 넉넉하게 담을 수 있어 어느 집에나 한두 개씩은 갖고 있다. 사각, 원형 등 디자인은 물론 스테인리스 스틸, 플라스틱, 나무 등 소재가 다양한데, 많은 양을 싸야 하므로 내부의 파티션 구성을 보고 선택한다.

파티션 도시락 시중의 밀폐 용기 전문 브랜드에서 선보이는 파티션 도시락은 가장 대중적이고, 실용적인 용기다. 아예 반찬을 담기 편하도록 2칸, 3칸 파티션 처리가 되어 있어 도시락 용도에 맞게, 필요한 크기에 따라 선택해 사용하면 편리하다.

반찬용 파티션

소스 용기
흔히 먹는 밥과 반찬에서 벗어나 다양한 메뉴로 도시락을 준비할 때 필요한 소스 용기. 케첩, 마요네즈는 기본 각종 소스와 간장, 고추장 등을 따로 담을 때 유용하게 사용할 수 있다.

여러 모양 실리콘 파티션
사각, 삼각 등 다양한 모양의 파티션. 물기 있는 반찬을 구분하는 것은 필수, 애매하게 남는 자리에 끼워넣기에도 그만이다. 용기에 물이 들 수 있는 반찬을 담을 때는 검정색 파티션을 선택한다.

실리콘 컬러풀 컵 파티션
반찬을 담고 보니 반찬 색이 칙칙해 식감이 떨어져 보일 때가 있다. 이때, 컬러풀 컵 파티션으로 도시락에 표정을 더하는 것도 방법이다. 반찬이 섞이지 않도록 구분해 주는 것은 물론 도시락 싸기의 즐거움이 배가된다.

페이퍼 포일
기름기 있는 음식을 쌀 때, 따로 파티션이 없을 때는 페이퍼 포일이 실용적이다. 국물이 많은 양념이 아니라면 젖은 반찬도 무방하다. 기름종이 같은 페이퍼 포일은 점심시간까지 거뜬히 파티션 역할을 해준다.

2단 도시락 밥과 반찬을 간편하게 나눠 담을 수 있는 2단 도시락은 도시락 쌀 때 가장 기본이 되는 용기. 기다란 직사각형 형태의 2단 도시락이 가장 흔하고, 두 단으로 포개 묶는 원형, 타원형 등 디자인이 다양하다. 무엇보다 2단으로 포갠 후 밴딩 처리하면 가방 안에 쏙 들어가 휴대하기 간편한 것도 장점.

일회용 도시락 매일 도시락을 싸야 할 경우 권장할 만한 아이템은 아니지만, 상황에 따라 편리하게 사용할 수 있는 일회용 도시락. 종이, 플라스틱 소재는 물론 샌드위치용, 김밥용 등 용도에 따라 다양한 디자인이 시중에 나와 있다. 음식을 포장할 때 담아주는 원형 용기도 집에서 밑반찬 용기로 한두 번 재활용하기 좋다.

소재별 도시락 용기

스테인리스 스틸 아이들 도시락을 쌀 때 친환경 소재를 사용하고 싶다면 스테인리스 스틸 소재가 적당하다. 2단, 원형, 사각 등 크기와 디자인이 다양해 용도에 따라 선택한다.

나무 친환경 소재로 인기를 끌고 있는 나무 도시락. 속이 깊고, 음식의 풍미를 간직해 주는 기능을 해 도시락 마니아들 사이에선 인기 소재로 꼽힌다. 타원형, 원형 등 모양과 크기에 따라 선택할 수 있는데, 마감 처리나 원산지를 확인하고 구입하는 것이 안전하다.

법랑 최근 젊은 엄마들 사이에서 인기를 끌고 있는 소재. 시중에 법랑 밀폐 용기가 다양하게 나와 있으므로, 밥과 반찬 싸기에 적당한 크기를 선택해 도시락 용기로 활용하면 센스 만점이다.

대나무 샌드위치나 떡 등 별식 도시락을 쌀 때 유용한 아이템. 작은 용기 여러 개에 음식을 나눠 담을 때 활용하면 좋다. 통기성이 좋고, 장식 효과도 기대할 수 있다.

플라스틱 도시락 용기로 가장 일반적으로 사용하는 소재. 2단, 3단 등 크기와 디자인이 다양하고, 취향에 따라 패턴과 컬러 등 골라 싸는 재미가 있다.

새지 않게, 차곡차곡 폼 나게 마음을 담아요
담기의 기술

요즘은 도시락 싸기도 예술이다. 한정된 공간, 차곡차곡 새지 않게 담는 것은 기본, 그리고 기왕이면 예쁘고 먹음직스럽게…
정성이 더욱 돋보이는 담기의 기술을 알아본다.

도시락 하나··· 밥과 반찬 함께 싸기

0 먹는 양이 적은 아이들 도시락, 다이어트 도시락 등 용기 하나에 밥과 반찬을 함께 싸기에 적합한 한 칸짜리 타원형 도시락.

1 밥은 충분히 식힌 후 도시락 통의 반 정도 분량으로 밥을 담는다. 용도에 따라 밥의 양을 조절한다.

2 적당한 파티션이 없는 경우 반찬을 담기 전 밥과 반찬이 섞이지 않도록 상추로 구획을 나눈다.

3 반찬을 담는 공간의 절반 정도에 메인 반찬을 먼저 담는다. 가운데 부분에 사선 모양으로 가지런히 담으면 양옆으로 다른 반찬을 더할 수 있다.

4 국물이 없거나 맛이 섞일 염려가 없는 반찬은 메인 반찬 옆에 그대로 보기 좋게 담는다. 반찬 색을 생각해 담으면 훨씬 근사한 도시락이 된다.

5 조림이나 무침 등 맛이 섞일 염려가 있는 반찬은 파티션이나 페이퍼 포일에 따로 담는데, 국물이 흐르지 않도록 키친 페이퍼로 한 번 눌러서 담는다.

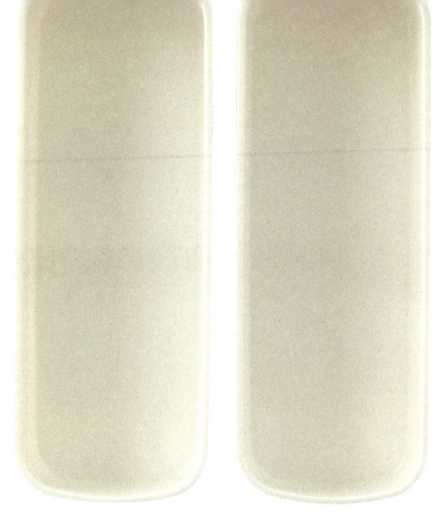

밥과 반찬을 따로 따로… 직사각형 도시락 싸기

0 밥과 반찬을 따로, 적절한 양을 담기에
좋은 직사각형 도시락.

1 밥은 밥통에 충분히 식혀 담는다. 뚜껑을
덮었을 때 밥이 눌리지 않도록 고려하여 적당
량을 담는다.

2 반찬 통의 한쪽 끝부터 반찬을 채워 가는
데, 양이 적은 반찬의 경우 4분의 1 정도의 공
간에 반찬을 채워 넣는다.

3 레몬을 저며 썰어 구획을 나누고 장식 효
과도 겸한다. 레몬 외에도 상추, 치커리, 깻잎
등을 파티션 용도로 활용할 수 있다.

4 메인 반찬은 반찬 통의 반 분량이 되도록
담는데, 국물이 있는 반찬은 별도의 용기에,
키친 페이퍼로 물기를 없앤 후 담는다.

5 반찬이 흔들리면서 뒤섞이지 않도록 나머
지 공간에 반찬을 꽉 채워 넣는다.

6 밋밋한 밥 위에 검은깨와 김을 잘라 장식
한다.

밥과 반찬을 따로 따로… 원형 도시락 싸기

0 밥과 반찬을 따로, 적은 양의 도시락 싸기에 적합한 원형 도시락.

1 밥은 밥통에 충분히 식혀 담는다. 뚜껑을 덮었을 때 밥이 눌리지 않도록 고려하여 적당량을 담는다.

2 반찬통은 대략 3등분해 담는데, 가장 메인이 되는 반찬을 먼저 담는다.

3 무침 등의 반찬은 국물이 흐르지 않도록 페이퍼 포일 등을 깔고 넣는다.

4 반찬을 담기 전, 나머지 공간에 전체적으로 상추를 깐다.

5 비슷한 컬러의 반찬을 나란히 담을 때는 상추 등으로 구획을 나누면 서로 섞이지 않고 보기에도 예쁘다.

6 여분의 공간이 있으면 반찬이 흔들리면서 뒤섞이므로 방울토마토나 포도 등으로 빈 공간을 메워주면 장식 효과도 겸할 수 있다.

7 밥 위에 반찬을 얹으면 보기에도 예쁘고 풍성해 보이는데, 반찬 아래 상추, 깻잎 등을 깔아주면 국물이 흐르는 것을 막을 수 있다.

도시락, 오늘 처음 싸세요?
베테랑처럼 싸는 노하우

도시락 싸기가 간단해 보이지만, 실은 메뉴 정하기도 만만치 않고, 때로는 부담이 되는 것도 사실이다. 아침 시간도 절약하고 더욱 맛있게 국물 새지 않고 깔끔하게 쌀 수 있는… 베테랑 싸기에 도전해 보자. 도시락 싸기가 한층 즐거워질 것이다.

1 지나치게 잘, 제대로 싸려 하지 않는다 자신이 직접 먹을 도시락이 아니라 아이나 남편, 식구들을 위한 도시락은 싸다 보면 자꾸만 욕심이 생기기 마련이다. 일단 싸보면 안다. 한정된 작은 통 안에 반찬 하나 더 넣고 싶고, 더 보기 좋게 싸고 싶고….
그러다 보면 부담이 되기 마련이다. 도시락 싸는 게 큰 숙제처럼 여겨져 마음이 무거워진다. 일단, 처음 부터 제대로, 멋들어지게 싸겠다는 생각은 버리자. 도시락 자체가 감동이니까. 맛있게 먹을 수 있는 메인 반찬 한 가지에 밑반찬 한두 가지 정도면 충분하다.

2 매일 도시락을 싸는 경우, 일주일분 메뉴 룰을 정한다 남편이나 아이를 위해 매일 도시락을 싸는 경우 메뉴 때문에 고민이 아닐 수 없다. 이럴 때는 요일마다 메뉴 룰을 정해 두면 편리하다. 예를 들어 월요일에는 샌드위치, 화요일에는 일품 밥, 수요일에는 고기 반찬, 목요일에는 생선 반찬 등. 재료만 바꿔 가며 만들면 되기 때문에 어느 정도 부담을 덜 수 있다.

3 전날, 저녁 식사에서 먹고 남은 반찬을 적극적으로 활용한다 바쁜 아침에 도시락 반찬을 전부 새로 만드는 것은 여간 부담스러운 일이 아니다. 전날 먹고 남은 반찬들을 적극 활용하는데, 남은 반찬을 바로 싸도 좋고, 남은 반찬을 이용해 미니 김밥 등 다른 메뉴로도 준비할 수 있다.
우엉조림이나 고기볶음으로 김밥, 유부초밥 등을 싸주거나 나물 몇 가지로 비빔밥을 만들어도 좋고, 먹다 남은 카레를 보온 도시락에 담아 주어도 좋다. 같은 반찬이라도 밖에서 먹으면 색다르게 느껴진다.

4 주말에 밑반찬 몇 가지를 준비해 둔다 며칠 두고 먹을 수 있는 멸치조림, 우엉볶음 등 밑반찬은 도시락 쌀 때 큰 도움이 된다. 또한 햄버그스테이크나 돈가스 등 아이들이 좋아하는 메뉴는 넉넉히 만들어 냉동시켜 두면 도시락 메뉴가 더욱 풍성해진다. 몇 가지 밑반찬은 볶음밥, 주먹밥 등에도 다양하게 활용할 수 있다.

5 상추, 레몬 등으로 구획을 나눠 장식하기 도시락은 처음 뚜껑을 열 때의 즐거움과 기대가 매우 크다. 그래서 음식을 담고 장식할 때 더욱 신경이 쓰이곤 하는데, 비슷한 색깔의 반찬 사이에는 상추나 치커리, 레몬 등을 장식해서 구획을 나눠 주면 반찬이 섞일 염려가 없고 보기에도 예쁘다.

6 밋밋한 반찬에는 컬러풀한 용기를! 매일 도시락을 싸다 보면, 미리 메뉴를 짠다고 해도 비슷한 컬러의 칙칙한 반찬들만 싸게 되는 경우가 있다. 이때는 컬러풀한 도시락이나 파티션을 활용해 본다. 초록, 파랑, 분홍 등 컬러풀한 작은 용기에 반찬을 담아 도시락에 넣어 주면 훨씬 더 예쁘고 먹음직스러워 보인다.

7 밋밋한 밥, 몇 가지 장식으로 맛있게! 밥과 반찬을 담을 통이 따로 마련된 도시락의 경우 맨밥만 싸기 허전할 때가 있다. 한 달에 한두 번 특별한 도시락이면 모를까 매일 도시락은 밥 챙기기가 부담스러운 것이 사실이다. 이때는 밥 자체만으로도 맛있게 먹을 수 있도록 나만의 아이디어를 발휘해 보자. 맨밥에 김, 통깨, 검은깨, 후리가케, 달걀프라이 등을 장식하면 밥 자체만으로도 맛있는 식사를 할 수 있다.

통깨를 가운데 부분에 살짝 뿌린 후 메추리알 프라이 얹기

김 가루가 섞인 통깨 (시판용)로 세 줄 만들기

후리가케를 전체적으로 뿌리기

통깨와 검은깨 한 줄씩 뿌리기

검은깨를 전체적으로 뿌린 후 김을 작게 잘라 군데군데 얹기

8 움직이기 쉬운 반찬은 꼬치로 고정! 제자리에 있기 어려운 동그란 음식, 같이 먹어야 더 맛있는 음식, 과일 등을 쌀 때는 꼬치를 활용한다. 먹기도 편하고, 보기에도 예쁘다. 알록달록 화려한 느낌이 나도록 색깔을 고려해서 교대로 꽂는다.

9 큰 프라이팬 하나로 두세 가지 반찬을 동시에! 도시락 반찬은 만드는 양이 적어 큰 프라이팬 하나로 동시에 몇 가지 요리를 만들 수 있다는 장점이 있다. 프라이팬 면적을 2~3등분해서 사용하면 되는데, 한쪽에서는 생선을 굽고, 다른 한쪽에서는 채소를 볶고, 또 다른 쪽에서는 브로콜리에 물을 살짝 뿌려 데치는 식이다. 데치는 것부터 볶음, 조림 순으로, 프라이팬이 덜 지저분해지는 것부터 조리한다.

10 일회용 플라스틱 용기가 근사한 도시락 용기로! 같은 음식이라도 담는 그릇에 따라 전혀 색다른 분위기를 낼 수 있다. 보기좋은 떡이 맛있으니까. 반드시 도시락 전용 용기가 아니어도 괜찮다. 가끔은 매일 가지고 다니는 도시락이 아닌, 쓰고 남은 테이크아웃용 투명 용기나 종이 백, 초콜릿 상자 등을 이용해 도시락을 싸보자. 같은 음식이라도 왠지 더 맛있고 신선하게 느껴진다.

11 맛을 보완해 주는 반찬으로 매치 대개 도시락을 쌀 때 반찬은 2~3가지를 준비하는데, 이때 맛이 상반되는 것으로 메뉴를 짠다. 집에서 먹을 때도 마찬가지지만 적은 양의 반찬으로 밥을 먹어야 하는 도시락의 경우, 맛이 중복되지 않도록 달콤 짭조름한 반찬에는 매콤한 맛을, 기름진 반찬에는 상큼한 맛을 곁들이는 식으로 메뉴를 짜야 더욱 맛있다.

12 반찬 걱정 덜어주는 주먹밥 싸기 함께 넣고 섞는 재료에 따라, 모양에 따라 한 끼 식사로 손색없는 주먹밥. 급하게 도시락을 싸야 할 때는 주먹밥만 한 것이 없다. 냉장고 속 밑반찬을 조물조물 양념해 주먹밥 속에 쏙 넣고 손으로 굴려가며 모양만 갖추면 끝! 행여 급하게 싼 티가 나지 않도록 몇 가지 모양을 익혀두고, 김으로 띠를 두르면 정성스러운 마음을 전할 수 있다.

삼각형, 동그라미, 타원형 등 주먹밥은 도시락 모양에 맞춰 담기 쉽도록 만드는 것이 좋다.

주먹밥이 완성되면 완전히 식혀 김으로 장식하는데, 가늘게 띠를 만들어 둘러주거나 큼직하게 잘라 전체를 감싸듯이 둘러준다.

| 여러가지 모양의 주먹밥 만드는 법 |

주먹밥 준비하기 갓 지은 밥을 준비한 후 손에 물과 소금을 살짝 묻혀 밥을 적당량 손에 올려 살살 뭉치면서 주먹밥을 만든다. 이때 손에 물을 너무 많이 묻히면 밥알이 흐트러지고, 힘을 너무 주어 뭉치면 밥알의 형태가 뭉그러지므로 힘 조절을 적당히 하는 것이 중요하다.

한입 주먹밥
동그란 한입 주먹밥은 한손에 밥을 올린 후 돌려가며 적당히 힘을 주어 동그랗게 뭉쳐서 만든다.

타원형 주먹밥
왼손으로 굴려가며 길쭉 동그스름하게 모양을 만들면서 오른손으로 위아래를 살짝 눌러 평평하게 만든다.

삼각 주먹밥
오른손을 'ㄱ'자 모양으로 꺾어 계속 돌려가면서 삼각형 모양이 되도록 만드는데, 이때 왼손에도 힘을 주어 바닥을 평평하게 만든다.

납작 동글 주먹밥
밥을 적당량 손에 올린 후 위아래를 살짝 눌러가며 평평하게 만들면서 동그스름하게 형태를 잡아간다.

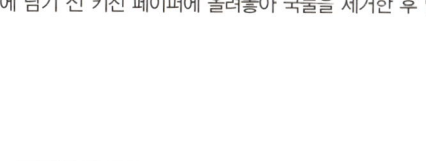

13 반찬의 물기를 제거한 후 담는다 조림이나 무침 등 국물이 있는 음식들은 별도의 용기에 담는다 해도 국물이 흐르기 쉽다. 도시락에 담기 전 키친 페이퍼에 올려놓아 국물을 제거한 후 담는다.

14 소스를 먼저 담고 그 위에 음식 얹기 밥과 반찬이 기본이지만 때때로 별식으로 도시락을 쌀 때는 몇 가지 노하우가 필요하다. 돈가스나 샐러드 등은 도시락 인기 메뉴 중 하나인데, 소스를 곁들여야 하기에 다소 번거로울 수 있다.
소스를 뿌려야 하는 음식은 용기에 소스를 먼저 담은 후 그 위에 음식을 얹는다. 그러면 다른 음식들과 섞일 염려도 없고 소스 국물이 흐르는 것도 막을 수 있다.

15 밥은 충분히 식혀서 담는다 도시락의 기본이 되는 밥. 도시락을 준비하는 시간이 부족하다고 해도 갓 지은 밥이나 반찬을 그대로 도시락에 담는 것은 삼간다. 음식이 식으면서 물이 생겨 눅눅해지고, 더운 날에는 음식이 상할 위험도 있기 때문이다. 보온 용기를 이용하는 것이 아니라면 접시에 따로 담아 충분히 식힌 후 도시락을 싸는 것이 기본이다.

16 깻잎 등 채소 활용, 밥 위에 반찬 얹기 반찬을 담을 공간이 부족하거나 김치볶음이나 제육볶음 등 밥에 얹어 먹으면 좋은 메뉴로 도시락을 쌀 때, 깻잎, 상추 등 잎채소를 활용하면 좋다. 밥 위에 깻잎 등 채소를 얹고 그 위에 반찬을 올리면 모양도 살리고 풍성해 보일 뿐 아니라 밥과 섞이는 것도 막을 수 있다.

도시락은 정성을 담는
그릇이란 거 아시죠?
보자기&주머니

아무래도 밥통을 노출시켜 종이 봉지에 달랑달랑
들고 다니는 것은 맘이 편치 않은 일. 게다가 도시락은
정성을 담는 그릇이 아닌가.
다양한 컬러와 소재의 천으로 보자기나 주머니를 직접
만들어도 좋고, 묶는 기술까지 더한다면 정성과 사랑이
배가 된다. 기왕 모양내서 맛있는 도시락을 준비했다면
마무리까지 꼼꼼하게 신경을 써보자.

도시락용 보자기는 50×50㎝ 사이즈, 정사각형
모양이 제격. 너무 크면 여미기가 부담스럽고,
너무 작아도 도시락을 싸기 어렵다.
보자기용 천이나 주머니를 만들 때는 면, 리넨
등이 적당한데, 구김이 적은 면 소재의 천이 가
장 부담 없고, 구김이 내추럴하고 패턴이 다양
한 리넨도 멋스럽다. 원단을 원하는 사이즈로
재단해 사방 접어 박거나 세탁소에 오버로크를
의뢰해도 무방하다.

선물 포장하는 방식을 차용. 보자기를 펼친 후 가운데에 도시락을 얹고 사방 모서리로 도 시락을 감싼 후 남는 부분을 접어 넣는다. 마 지막으로 면 끈 등으로 둘러 고정시킨다.

보자기 가운데에 사방 모서리와 엇갈리도록 도시락을 얹은 다음 보자기를 싸듯 세 모서리 를 한데 모아 묶는다. 이때 나머지 모서리는 장식처럼 앞으로 펼친다.

보자기 가운데에 사방 모서리와 엇갈리도록 도시락을 얹은 다음 보자기 싸듯 두 모서리씩 엇갈려 묶는다.

양옆으로 잡아당기면 여며지는 주머니가 도 시락 가방으로 활용하기에 그만이다. 밥과 반 찬은 물론 물과 간식까지 넣기에도 크기가 적 당하다.

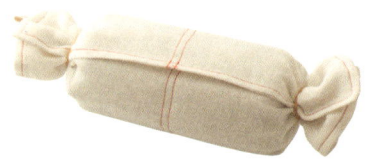

샌드위치나 김밥 등을 쌀 때 사용하는 좁고 기다란 도시락 용기에 이용하면 좋은 아이디 어. 도시락을 보자기로 감싼 뒤 양옆을 고무 줄 등으로 고정시키기만 하면 사탕 모양이 완 성, 아이들이 좋아한다.

용기를 세로로 높이 포개야 할 경우 보자기로 감싸기 부족할 때가 있다. 이때는 보자기 사 방 모서리를 위로 한데 모아 고무줄로 고정시 킨 후 리본 테이프 등으로 묶는다.

매일 도시락을 싸야 하는 경우, 자주 사용하 는 도시락 크기에 맞는 주머니를 하나 장만하 는 것도 방법. 도시락이 흔들리지 않도록 지 퍼를 달아 여미면 실용적이다.

수납용으로 어느 집에나 하나씩은 있게 마련 인 다용도 주머니. 아이들을 위해 자그마한 도시락을 쌀 때 사용하면 좋다.

Part 1

든든하게 먹고 오늘 하루도 힘내라고…
우리 식구 건강 도시락

주로 식당 밥으로 식사를 해결하는 남편, 편의점 도시락이나 삼각 김밥으로 끼니를 때우는 아이들을 위해 도시락을
싸보자. 매일 도시락이라고 해도 늘 먹는 밑반찬으로 일주일을 채웠다간 금세 싫증 날 뿐더러 영양가도 한참 미달이다.
남편도 만족스러워하고, 아이도 기뻐하는 메뉴로 자그마한 용기 안에 가족사랑 만큼이나 커다란 영양을 담아보자.

사 먹는 밥과 비교할 수 있겠어요?

도시락에 담으면 시시한 음식도 별미가 되는 걸요

"당신 요즘 뭐 먹고 살아?"
아침은 입맛 없다고 거르고, 점심은 뭐 먹는지 모르겠고,
회식이다, 뭐다 해서 저녁 밥상에 마주 앉을 일 거의 없는
남편에게 물었습니다. 그랬더니 그 사람이 그러네요.
"바깥 마누라가 해주는 밥 먹고 살지."
"바깥 마누라 있어?"
"그럼! 밥 해주는 식당 아줌마들이 다 바깥 마누라 아이가?"
그 말이 맞네요. 요즘 남편들에게 집 밥은 비현실적인 무엇이니까요.
"우리 딸은 요즘 뭐 먹고 살아?"
홀쩍 자라 대학생이 된 딸아이에게도 물어보았습니다.
"편의점 삼각 김밥이랑 컵라면."
그렇구나, 했죠. 분식집 아니면 편의점이겠죠. 지들이 어디 가겠어요.
"편의점 도시락도 있어, 엄마. 싸고 맛있어."
요즘은 편의점에서도 도시락을 팔데요.
3천원만 주면 전자레인지에 붕붕 돌려서 먹을 수 있는
인스턴트 도시락이지요. 괜찮다고 하네요. 그 맛이.
"그래, 그게 낫겠다. 삼각 김밥보다는 도시락이 좋겠어."
무슨 대단한 해답이라도 내놓은 양, 그렇게 결정해 주고 돌아서는데
왠지 뒷덜미가 뻐근하고 뜨거운 게, 좀 그랬습니다.
다 먹고 살자고 하는 일인데
남편은 바깥 마누라가 해주는 밥 먹게 하고,
아이는 편의점 밥 먹게 하고,
저는 또 저대로 식은 밥에 물 말아서 장아찌나 뒤적거리고 있으니
인생이 늘 밍밍하고, 뒤숭숭할 수밖에요.
그래서 또 작정하고 도시락을 싸기 시작했습니다.
매일은 아니어도 일주일에 두세 번, 그것도 아니면 한두 번쯤?
마누라 노릇에 엄마 노릇 한번, 제대로 해보는 날인 거지요.

직장에 나가는 건 아니어도 저는 일거리가 많아 늘 부산한 여자로 삽니다.
그러다 보니 집 비워 두는 날도 허다합니다.
저보다 일찍 집으로 돌아온 가족들의 밥 때문에 마음 불편해지는 날,
그런 날도 제법 많습니다. 그래서 저는 도시락을 준비합니다.
남편은 아내보다 도시락을 더 좋아하더라고요.
집에 엄마는 없어도 도시락 하나 폼 나게 놓여 있으면 아이도 방실방실하던 걸요.
그래서 하루, 또 하루. 진심을 담아 싸기 시작한 도시락에
어느새 이력이 붙었습니다. 참 신기하게도 도시락은
수수한 반찬도 별스런 음식으로 보이게 하는 특별한 마력이 있더군요.

AFTERNOONTEA

국이나 찌개가 없어도 전혀 미안하지 않고,
특별한 반찬 한 가지만 있어도 상다리 휘어지게 차린 생일상처럼 그렇게!
그러니 참 고마운 일입니다.

요즘은 다이어트 도시락이 인기인 모양입니다.
칼로리를 쏙 빼서 살찌지 않게 하면서 식당 밥으로는 다 채울 수 없는
영양소를 고루 갖춘 그런 도시락 말입니다.
그런데 저는 시실 다이어트 도시락이 좀 별로예요.
살기가 얼마나 고달픈데, 힘 빠지는 일이 얼마나 많은데,
끼니 제대로 챙기면서 사는 일도 쉽지가 않은데…
그 한 끼마저 다이어트 도시락으로 끝내고 마는 것은 섭섭해서요.
그래서 가끔 싸는 도시락에는 별미 음식을 담아 보려고 애씁니다.
맛있는 거 먹으면 힘나니까, 도시락 밥 먹고 힘내서 오늘 하루도 행복하라고,
그 마음을 고스란히 담아주고 싶은 거지요.
대신, 맛있는 음식을 칼로리 낮춰 만드는 일에는 관심을 갖습니다.
튀기기보다 굽고, 너무 진한 양념 대신 심심하면서도 감칠맛 나게!
세 가지 반찬이면 더할 나위 없는 진수성찬이 되니 못할 것도 없습니다.
질 좋은 단백질이 듬뿍 담긴 메인 요리 하나에
짭조름한 반찬 하나, 매콤한 반찬 또 한 가지.
이렇게 담아주면 입 짧은 식구들도 술술 잘 먹어주거든요.

도시락 싸보세요. 집 나가는 식구들 손에 들려 내보내는 도시락도 좋고,
집 비우는 날 식탁 위에 미리 준비해 두고 나오는 도시락도 좋습니다.
평소 상에 잘 올리지 않던 음식이라도 담겨 있는 날에는
남편과 아이 얼굴에 함박웃음이 내려앉거든요.
정성 도시락 하나에 아내 노릇, 엄마 노릇 제대로 했다는
굉장한 위안까지 덤으로 얻게 되니 이보다 더 좋을 순 없습니다.
그런데 뭘 싸야 되는 거지?
도시락 싸줄 마음을 먹고 난 뒤부터 메뉴 걱정이 끊이지 않는다면
지금부터 소개하는 건강 도시락으로 어깨 한번 쫙 펴보는 거예요.
생각 그 이상으로 기뻐하는 식구들 덕분에
도시락집 아줌마처럼 매일매일 싸고 싶어질지도 모를 일이니까요.
아이가 좋아할 만한 도시락,
남편도 기뻐할 현모양처 도시락 메뉴를 골고루 담았습니다.
뭘 고르든 그건 마음대로입니다!

연어데리야키소스구이 도시락

연어데리야키소스구이 + 아스파라거스고기말이 + 매콤감자조림 + 백미밥(후리가케)

연어데리야키소스구이

재료 연어 200g, 소금 · 후춧가루 · 녹말가루 약간씩, 식용유 약간
소스_ 맛술 2큰술, 간장 · 청주 1큰술씩, 설탕 1작은술

이렇게 만드세요

1 연어는 적당한 크기로 토막 내 소금과 후춧가루로 심심하게 간을 한 후
   녹말가루를 골고루 입힌다.

2 소스 재료는 한데 담아 골고루 섞는다.

3 달군 팬에 기름을 두르고 ①의 연어를 앞뒤로 노릇노릇하게 굽는다.

4 ③의 구운 연어는 팬의 한쪽으로 밀어두고 준비한 소스를 부어 바글바글 끓인 후
   연어의 앞뒤에 소스를 골고루 묻히면서 윤기 나게 조린다.

아스파라거스고기말이

재료 아스파라거스 3개, 돼지고기(얇게 썬 것) 100g, 카레가루 · 간장 1작은술씩,
소금 · 후춧가루 · 밀가루 · 올리브유 약간씩

이렇게 만드세요

1 아스파라거스는 단단한 밑 부분을 필러로 벗겨내고 적당한 길이로 3, 4등분한다.

2 ①은 올리브유를 두른 팬에 굽다가 물과 약간의 소금을 넣고 뚜껑을 덮어 아삭하게
   데쳐 식힌다.

3 돼지고기는 한 장씩 길게 펴 소금과 후춧가루로 심심하게 간하고,
   밀가루를 살짝 뿌린다. 그 위에 데친 아스파라거스를 올려 돌돌 만다.

4 ②의 팬을 키친 페이퍼로 닦은 후 올리브유를 두른다. 팬에 ③을 얹어 분량의
   카레가루와 간장, 소금, 후춧가루를 전체적으로 뿌린 후 약한 불에서 뚜껑을
   덮고 굽는다. 타지 않게 가끔씩 뒤집어준다.

매콤감자조림

재료 감자 2개, 양파 ½개, 굵은 파 ⅓대, 국물용 멸치(머리와 내장 제거) 5개, 물 1컵
양념_ 간장 1½큰술, 고추장 1큰술, 설탕 2작은술, 다진 마늘 1작은술, 고춧가루 ½작은술

이렇게 만드세요

1 감자는 껍질을 벗기고 4등분해 도톰하게 저며 썰고, 양파는 굵게 채 썬다.
   굵은 파는 어슷하게 썰어 둔다.

2 냄비에 국물용 멸치와 감자, 양파를 넣어 바글바글 한소끔 끓인 후 불을 줄여
   뚜껑을 덮고, 감자가 어느 정도 익을 때까지 끓이다가 멸치는 건진다.

3 ②에 양념 재료를 모두 넣고 골고루 섞어 국물이 졸아들 때까지 끓인 후
   불에서 내리기 직전 굵은 파를 넣고 골고루 섞는다.

memo ⋯ 생선을 싫어하는 아이들을 위한 달콤 짭조름한 데리야키소스구이는 도시락 반찬으로 이용하면 좋은 영양
만점 메뉴. 속까지 충분히 익힌 연어를 다시 조리기 때문에 양념장을 바글바글 끓인 다음 좀 센 불에서 양념을 골고루
묻히기만 하면 간단하게 완성된다. 단시간에 적당한 농도가 생겨 맛도 나고 윤기도 돈다. 반면 카레가루는 쉽게 타 버리
므로 아스파라거스고기말이를 구울 때는 약한 불에서 골고루 돌려가며 굽는 것이 포인트. 매콤감자조림은 지난 저녁 반
찬으로 먹고 남은 것을 활용하면 시간을 단축할 수 있다. 음식이 상하기 쉬운 여름철에는 한번 데워서 도시락을 싸줘야
안심!

베이컨카레볶음밥 도시락

베이컨카레볶음밥 + 연근두반장볶음 + 마카로니케첩마요샐러드 + 방울토마토

베이컨카레볶음밥

재료 베이컨 3장, 양파 · 당근 ¼개씩, 마늘 2쪽, 메추리알 3개,
밥 2공기, 카레가루 1½큰술, 간장 1작은술, 소금 · 후춧가루 ·
식용유 약간씩

이렇게 만드세요

1 베이컨은 2㎝ 폭으로 썰고, 양파와 당근은 작게 썬다.
   마늘은 얇게 저며 썬다.

2 메추리알은 삶아 껍질을 벗긴 후 반으로 썬다.

3 달군 팬에 기름을 두르고 저민 마늘을 볶다가 향이
   우러나면 준비한 베이컨과 양파, 당근을 함께 넣어
   달달 볶는다.

4 ③에 카레가루를 뿌리듯 넣어 덩어리가 지지 않게
   볶은 다음 밥을 넣어 골고루 섞으면서 간장과 소금,
   후춧가루로 간을 맞춘다. 볶음밥을 도시락에 담고
   삶은 메추리알을 모양내어 얹는다.

연근두반장볶음

재료 연근 200g, 호두 3큰술, 참기름 약간
양념_ 맛술 1큰술, 두반장 1½작은술, 간장 1작은술, 설탕 ½작은술

이렇게 만드세요

1 연근은 껍질을 벗겨 씻은 후 작은 것은 2등분,
   큰 것은 4등분해 모양대로 저며 썬다.

2 호두는 큼직하게 3, 4등분한다.

3 두반장 등 양념 재료들을 한데 담아 골고루 섞는다.

4 달군 팬에 참기름을 두르고 연근을 볶다가 어느
   정도 익으면 준비한 양념과 ②의 호두를 넣고
   좀 더 볶는다.

마카로니케첩마요샐러드

재료 마카로니 ½컵, 브로콜리 ¼송이, 게맛살 1줄, 소금 약간,
올리브유 1큰술
소스_ 마요네즈 2큰술, 토마토케첩 1큰술, 후춧가루 약간

이렇게 만드세요

1 브로콜리는 작게 나누고, 게맛살은 다른 재료들과
   비슷한 크기로 자른다.

2 소스 재료는 한데 담아 골고루 섞는다.

3 끓는 물에 소금을 넣고 봉지에 표기되어 있는
   시간대로 마카로니를 삶다가 불에서 내리기
   1분 전쯤 손질한 브로콜리를 넣어 함께 익힌다.

4 식힌 마카로니와 브로콜리, 게맛살을 볼에 담아
   올리브유로 버무린 후 소스를 넣어 골고루 섞는다.

memo… 카레라이스는 집에서
도 인기지만 도시락으로 맛보는 카
레는 더욱 별미다. '국물이 있어서
어떻게 싸주지?' 하지만 보온 도시
락에 카레를 먼저 담고 그 위에 밥
을 얹으면 국물이 샐 염려가 없다.
카레가루는 생선을 구울 때 비린내
를 잡아 주고, 볶음밥에 넣으면 느끼
한 맛을 없애 주기도 한다. 밥을 볶
을 때는 카레가루가 뭉치지 않도록
재료 전체에 골고루 뿌려 섞은 다음
마지막에 밥을 넣어 볶는다.

대구명란치즈구이 도시락

대구명란치즈구이 + 우엉고기볶음 + 브로콜리참깨무침 + 현미밥(검은깨) + 오렌지와 포도

대구명란치즈구이

재료 대구 살 200g, 명란젓 30g, 마요네즈 1½큰술, 가루 치즈 1큰술,
소금ㆍ후춧가루ㆍ참기름ㆍ식용유 약간씩

이렇게 만드세요

1 대구 살은 큼직하게 썰어 소금, 후춧가루로
   심심하게 간을 한다.

2 명란젓은 길게 칼집을 넣어 숟가락으로 속만 살살
   발라낸 후 마요네즈와 치즈 가루를 넣어 골고루
   섞은 다음 생선 위에 고르게 펴 바른다.

3 달군 팬에 기름을 두르고 ②를 굽다가 뚜껑을 덮고
   불을 줄인 후 명란젓이 익을 때까지 좀 더 굽는다.
   도시락에 담기 전 참기름을 바른다.

우엉고기볶음

재료 쇠고기 80g, 우엉 ⅓대, 당근 ¼개, 식용유 약간
양념_ 간장ㆍ설탕 2작은술씩, 굴소스 1작은술, 참기름ㆍ통깨 약간씩

이렇게 만드세요

1 쇠고기는 불고기용으로 준비해 작게 썬다.

2 우엉은 껍질을 벗겨 가늘게 채 썬 후 물에 헹궈
   물기를 빼고, 당근도 우엉과 비슷한 굵기로 채 썬다.

3 간장, 설탕 등 분량의 양념 재료는 한데 담아
   골고루 섞는다.

4 달군 팬에 기름을 두르고 ②를 볶다가 팬 한쪽에
   고기를 올려 어느 정도 익을 때까지 볶는다.

5 ④에 준비한 양념장을 넣어 간이 배도록 골고루
   섞으면서 좀 더 볶는다.

브로콜리참깨무침

재료 브로콜리 ¼송이, 깨소금 1큰술, 간장 ½큰술, 참기름 2작은술,
소금 약간

이렇게 만드세요

1 브로콜리는 먹기 좋게 나눠 소금을 넣은 끓는 물에
   1분 정도 데친 후 찬물에 헹궈 물기를 뺀다.

2 데친 브로콜리는 깨소금과 간장, 참기름을 넣어
   골고루 버무린다.

memo … 대구명란치즈구이는 대구 살이 아니더라도 비린내가 적은 흰
살 생선이면 OK! 냉동 전감을 사용하면 간편하고 가격도 저렴하다. 해동하
면 물이 생기므로 비린내가 나지 않도록 충분히 물기를 제거하고 양념하는
것이 좋다. 우엉고기볶음은 도시락을 쌀 때 다양하게 활용할 수 있으므로
넉넉히 만들어 보관한다. 잘게 다져 유부초밥에 넣거나 단무지, 달걀말이와
함께 김밥을 쌀 때도 유용하다. 볶음밥, 덮밥 등에 맛내기 포인트로도 활용
할 수 있다.

닭고구마조림 도시락

닭고구마조림 + 버섯마요오믈렛 + 시금치베이컨볶음 + 잡곡밥 + 토마토케첩

닭고구마조림

재료 닭다리(살코기) 300g, 고구마 1개, 녹말가루 1큰술, 소금 · 후춧가루 · 식용유 약간씩
양념_ 간장 1½큰술, 맛술 · 청주 1큰술씩, 설탕 1작은술, 후춧가루 약간

이렇게 만드세요

1 닭다리는 여분의 기름을 제거하고 한입 크기로 썬다. 소금과 후춧가루로
　살짝 간을 하고 전체적으로 녹말가루를 입힌다.

2 고구마는 껍질째 깨끗이 씻어 동글게 썬 후 전자레인지에서 4분 정도 익힌다.

3 양념 재료는 한데 담아 골고루 섞는다.

4 달군 팬에 기름을 두르고 손질한 닭고기를 껍질 쪽이 아래로 가게 해서 굽는다.
　표면에 짙은 갈색이 돌면 뒤집어서 속까지 익히면서 한쪽에 익힌 고구마를 올려
　함께 굽는다.

5 닭고기가 알맞게 익으면 준비한 양념장을 넣어 고구마와 함께 골고루 버무리면서
　좀 더 굽는다.

버섯마요오믈렛

재료 미니 윈너 소시지 4개, 표고버섯 2개, 쪽파 1뿌리, 달걀 3개, 마요네즈 1큰술,
소금 · 후춧가루 · 토마토케첩 · 식용유 약간씩

이렇게 만드세요

1 소시지는 모양대로 동글게 썰고, 표고버섯은 밑동을 자르고 얇게 저며 썬다.
　쪽파는 작게 송송 썬다.

2 달걀은 곱게 풀어 준비한 쪽파와 마요네즈, 소금, 후춧가루로 간을 한다.

3 달군 팬에 기름을 두르고 소시지와 버섯을 볶다가 ②를 넣어 고루 섞은 후
　뚜껑을 덮고 약한 불에서 3~4분 정도 익힌다. 달걀 표면이 거의 익으면 불을 끄고
　5분 정도 그대로 두었다가 식혀 적당한 크기로 썰어 토마토케첩을 곁들인다.

시금치베이컨볶음

재료 시금치 100g, 베이컨 2장, 마늘 2쪽, 간장 ½작은술, 소금 · 후춧가루 · 식용유 약간씩

이렇게 만드세요

1 시금치는 뿌리 부분을 자른 후 깨끗이 씻어 3, 4등분한다.

2 베이컨은 1cm 폭으로 작게 썰고 마늘은 저며 썬다.

3 달군 팬에 식용유를 두르고 베이컨과 마늘을 넣어 볶다가 갈색빛이 돌면
　준비한 시금치를 넣어 볶으면서 간장과 소금, 후춧가루로 간을 맞춘다.

memo … 　밥과 반찬통이 따로 있는 경우 밥통에 맨밥만 싸기가 허전할 때가 있다. 이때는 밥 위에 반찬 한 가지 정도
를 얹으면 보기에도 예쁘고 반찬도 더 푸짐하게 담을 수 있어서 좋다. 반찬 양념이 밥에 스며들지 않도록 반찬 밑에 상추
나 깻잎 등을 까는 것이 포인트. 물기가 있는 반찬은 가능하면 물기를 제거한 후 담는다.

두부미트볼 도시락

두부미트볼 + 감자명란마요무침 + 무파래무침 + 현미밥(검은깨 · 통깨)

memo ··· 물기가 있는 반찬은 다른 반찬과 맛이 섞이지 않도록 키친 페이퍼에 올려 물기를 제거하고 담는 것이 좋다. 특히 무파래무침처럼 양념 국물이 흥건한 반찬은 숟가락으로 눌러 물기를 없앤 뒤 다른 반찬들과 섞이지 않도록 별도의 용기에 담는 것이 안전하다. 재료에 새콤달콤한 맛이 배어 있어서 양념 국물 없이도 맛있게 먹을 수 있기 때문. 또 밋밋한 밥 위에는 검은깨와 통깨 등을 얹어 장식하면 먹음직스러워 보인다.

두부미트볼

재료 두부 150g, 갈은 돼지고기 100g, 양파 · 당근 ¼개씩, 달걀 ½개, 빵가루 1큰술, 소금 · 후춧가루 · 녹말가루 · 통깨 약간씩, 식용유 적당량
소스_ 토마토케첩 2큰술, 다진 마늘 · 참기름 · 설탕 · 물 1큰술씩, 고추장 · 물엿 ½큰술씩

이렇게 만드세요

1 두부는 키친 페이퍼로 감싸 전자레인지에 2분 정도 가열한 뒤 물기를 제거하고 칼등으로 으깬다. 양파와 당근은 잘게 다지듯이 썬다.

2 볼에 ①과 갈은 고기, 달걀, 빵가루를 넣고 소금과 후춧가루로 살짝 간해 한참을 치댄 후 동그랗게 모양을 만들어 녹말가루를 골고루 입힌다.

3 달군 팬에 기름을 넉넉히 붓고 170℃에서 ②를 튀긴 후 식혔다가 다시 한번 고온에서 바삭하게 튀긴다.

4 소스 재료를 함께 섞어 팬에 끓인 후 ③을 넣고 버무려 통깨를 뿌린다.

감자명란마요무침

재료 감자 2개, 명란젓 40g, 마요네즈 2큰술, 후춧가루 약간,
식용유 적당량

이렇게 만드세요

1 감자는 4등분해 은행잎 모양으로 썬다.
2 명란젓은 속만 발라내 마요네즈와 후춧가루를 넣어
   버무려 명란마요소스를 완성한다.
3 달군 팬에 기름을 두르고 손질한 감자를 넣고
   달달 볶다가 뚜껑을 덮어 속까지 푹 익힌다.
4 ②에 익힌 감자를 넣어 버무린다.

무파래무침

재료 무 130g, 파래 40g, 설탕 ½큰술, 소금 ½작은술, 통깨 약간
양념_ 식초 1½큰술, 간장 ½큰술, 설탕 2작은술, 다진 마늘 1작은술

이렇게 만드세요

1 무는 가늘게 채 썰고, 파래는 소금으로 문질러
   씻은 후 체에 밭쳐 여러 번 헹궈 물기를 뺀다.
2 채 썬 무는 설탕과 소금을 넣어 조물조물 무쳐
   두었다가 물기를 꼭 짠다.
3 양념 재료들을 볼에 담아 골고루 섞은 후 준비한
   파래와 무채, 통깨를 넣어 조물조물 무친다.

달걀말이 & 스팸초밥 도시락

달걀말이 & 스팸초밥 + 냉파스타샐러드 + 배추김치

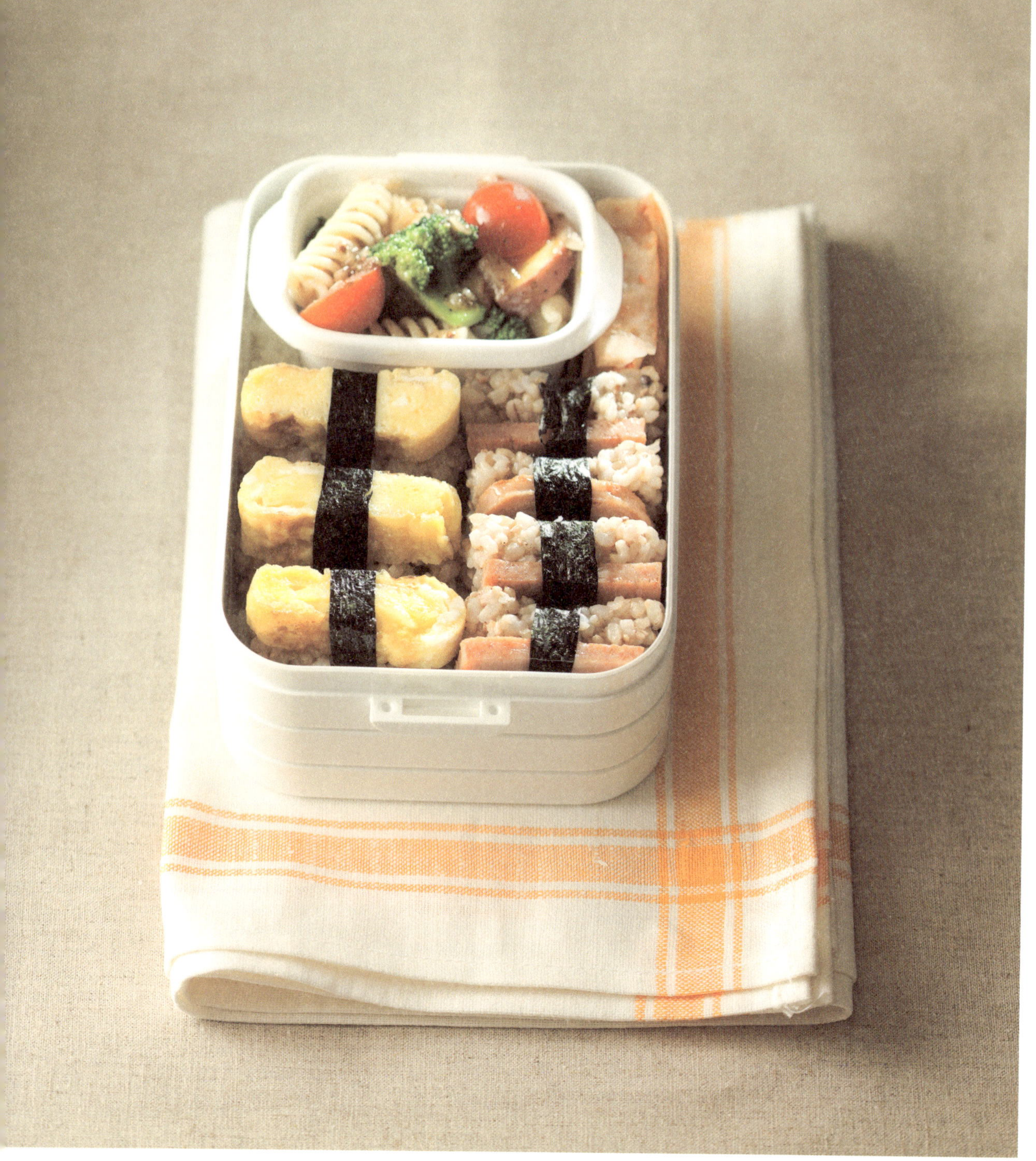

달걀말이 & 스팸초밥

재료 현미밥 3공기, 김 1장, 달걀 4개, 스팸(작은 것) ½통, 청주 · 설탕 1큰술씩,
소금 ½작은술, 통깨 · 식용유 약간씩
배합초_ 식초 1½큰술, 설탕 ½큰술, 소금 ½작은술

이렇게 만드세요

1 따뜻한 현미밥에 배합초 재료를 전부 넣고 골고루 섞은 후
 통깨를 뿌려 고소한 맛을 더한다. 김은 길쭉하게 띠 모양으로
 자른다.

2 달걀은 곱게 푼 후 청주, 설탕, 소금을 넣어 골고루 섞고,
 스팸은 반으로 썰어 다시 도톰하게 저며 썬다.

3 달군 팬에 기름을 살짝 두르고 ②의 달걀을 전부 부어
 약한 불에서 서서히 익히면서 돌돌 말아 속까지 익힌다.
 충분히 식힌 후 적당한 두께로 썬다.

4 ③의 팬을 키친 페이퍼로 닦은 후 준비한 스팸을 얹어 앞뒤로
 노릇노릇하게 굽는다.

5 ①의 초밥을 한입 크기로 나눠 손에 쥐고 모양(P. 31 참조)을
 만든 후 각각 달걀말이와 스팸을 올리고 김으로 띠를 두른다.

냉파스타샐러드

재료 브로콜리 ⅓개, 고구마(작은 것) 1개, 방울토마토 4개, 파스타 1컵,
소금 · 올리브유 약간씩
소스_ 올리브유 3큰술, 다진 양파 · 발사믹 식초 1큰술씩, 꿀 ½큰술, 씨겨자 1작은술,
소금 · 후춧가루 약간씩

이렇게 만드세요

1 브로콜리는 적당한 크기로 나누고, 고구마는 껍질째 깨끗이
  씻어 반달 모양으로 도톰하게 썬다. 방울토마토는 꼭지를 뗀 후
  반으로 자른다.

2 끓는 물에 소금을 넣고 파스타와 손질한 고구마를 넣어
  파스타 봉지에 표기되어 있는 시간대로 삶는다. 중간에
  젓가락으로 고구마를 찔러 보아 푹 들어가면 건져내서 식힌다.

3 ②의 냄비를 불에서 내리기 직전 브로콜리를 넣어 1분 정도
  데친다.

4 익힌 재료들을 한데 담아 올리브유로 살짝 버무린 후 충분히
  식힌다.

5 다진 양파 등 재료들을 볼에 담아 골고루 섞어 샐러드 소스를
  만든 후 준비한 재료들을 함께 넣어 버무린다.

유부초밥 도시락

유부초밥 + 깍두기무침 + 콘샐러드

memo ⋯ 유부초밥은 아이들이 제일 좋아하는 도시락 메뉴다. 요즘 유부초밥 재료들이 세트로 시판되므로 초밥용 유부를 구입해서 사용하면 편리하다. 직접 만들고 싶을 때는 유부를 끓는 물에 데쳐 기름기를 제거하고, 유부에 물 1컵과 간장(3큰술), 설탕(2큰술), 맛술(2큰술)을 넣어 국물이 졸아들 때까지 조리면 맛있는 유부가 완성된다. 넉넉하게 준비해 냉동 보관해 두면 요긴하게 사용할 수 있다.

유부초밥

재료 갈은 쇠고기 100g, 우엉 ¼대, 당근 ¼개, 초밥용 유부 16개, 밥 3공기, 검은깨 1큰술, 식용유 약간
조림용 양념_ 간장 · 맛술 1큰술씩, 설탕 ½큰술, 참기름 2작은술

이렇게 만드세요

1 초밥용 유부는 국물을 짜서 따로 담아 두고, 우엉과 당근은 잘게 다진다.

2 조림용 양념은 한데 담아 섞는다.

3 달군 팬에 기름을 두르고 갈은 고기를 넣어 볶다가 어느 정도 익으면 다진 우엉과 당근을 넣고 볶으면서 조림용 양념을 넣어 국물이 졸아들 때까지 달달 볶는다.

4 볼에 밥과 검은깨, ③을 넣고 고루 버무려 준비한 ①의 유부에 꼭꼭 눌러 채운다.

깍두기무침

재료 깍두기 4큰술, 참기름 · 깨소금 약간씩

이렇게 만드세요

1 깍두기는 물에 살짝 씻어 물기를 뺀다.
2 볼에 준비한 깍두기를 담고 참기름과 깨소금을
   조금씩 넣어 고루 무친다.

콘샐러드

재료 사과 ½개, 오이 ⅓개, 옥수수 통조림 ½통,
치즈(치즈볼 등 간식용 치즈) 약간, 마요네즈 3큰술

이렇게 만드세요

1 사과는 껍질째 깨끗이 씻어 작게 깍둑썰기 하고,
   오이는 사과와 같은 크기로 썬다.
2 옥수수 통조림은 체에 담아 물기를 빼고, 치즈도
   다른 재료와 비슷한 크기로 썬다.
3 준비한 재료를 모두 볼에 담고 분량의 마요네즈로
   버무린다.

날치알한입주먹밥 도시락

날치알한입주먹밥 + 치즈햄버거조림 + 오이지무침

날치알한입주먹밥

재료 날치알 5큰술, 배추김치 · 맛김 2장씩, 구운 김 ½장, 밥 3공기, 참기름 · 통깨 · 검은깨 약간씩

이렇게 만드세요

1 김치는 속을 털어내고 국물을 꼭 짠 후 작게 송송 썰고, 맛김은 비닐봉지에 담아
  잘게 부순다.

2 큰 볼에 날치알과 준비한 김치, 맛김, 밥, 참기름, 통깨, 검은깨를 넣고 골고루 섞는다.

3 ②를 한입 크기로 동그랗게 주먹밥을 만든 후 구운 김을 길게 잘라 띠를 두른다.

치즈햄버거조림

재료 다진 쇠고기 200g, 다진 돼지고기 100g, 양파 ¼개, 달걀 1개, 슬라이스 치즈 3장, 토마토케첩 ½큰술,
소금 ½작은술, 후춧가루 · 식용유 약간씩
소스_ 토마토케첩 4큰술, 우스터소스 2큰술, 설탕 1작은술, 후춧가루 · 버터 약간씩

이렇게 만드세요

1 양파는 잘게 썰어 달군 팬에 기름을 두르고 투명해질 때까지 볶은 후 식힌다.
  치즈는 반으로 자른다.

2 소스 재료는 한데 담아 골고루 섞는다.

3 볼에 다진 고기를 넣고 소금과 후춧가루를 조금 넣어 적당히 섞은 후
  볶은 양파와 달걀, 토마토케첩을 넣고 한참을 치대 반죽한 다음 6등분한다.

4 ③의 가운데 부분에 각각 치즈를 적당한 크기로 접어 넣고 양손으로 캐치볼을 하듯
  가까이에서 던져 둥그스름하게 모양을 만든다. 이때 구운 후 부풀어 오르지 않도록
  가운데 부분을 손으로 살짝 누른다.

5 달군 팬에 ④를 얹어 노르스름하게 구운 다음 물을 약간 넣고 뚜껑을 덮어 속까지
  익힌다. 고기가 알맞게 익으면 소스 재료를 전부 넣고 살짝 조린다.

오이지무침

재료 오이지 250g, 실파 2뿌리
양념_ 고춧가루 1큰술, 참기름 · 깨소금 2작은술씩, 다진 마늘 1작은술, 설탕 ½작은술

이렇게 만드세요

1 오이지는 물에 씻어 동그랗게 저며 썬 후 면보로 감싸 물기를 꼭 짜고,
  실파는 송송 썬다.

2 볼에 ①의 오이지와 송송 썬 실파, 양념 재료를 함께 넣어 조물조물 무친다.

memo ··· 아이들이 좋아하는 치즈
햄버거는 손이 많이 가므로 여유 있을
때 넉넉히 만들어 냉동 보관한다. 여러
가지 요리에 응용할 수 있어 마땅한
반찬 없을 때를 대비한 든든한 메뉴.
채소와 빵을 더해 햄버거를 만들어도
좋고, 밥에 햄버거를 얹고 달걀프라이
를 올려 덮밥 도시락을 만들어도 맛있
다. 또 잘게 으깨 볶음밥이나 주먹밥을
만들면 고소한 치즈 맛이 더해져 아이
들이 좋아한다.

미니참치김밥 도시락

미니참치김밥 + 김치달걀전 + 잔멸치호두조림

미니참치김밥

재료 참치 통조림(작은 것) 1통, 단무지(김밥용) 4줄, 마요네즈 2큰술, 김 3장, 밥 3공기,
통깨 · 검은깨 · 참기름 약간씩
배합초_ 식초 1½큰술, 설탕 ⅓큰술, 소금 ½작은술

이렇게 만드세요

1 참치 통조림은 체에 담아 기름기를 제거한 후 마요네즈로 버무린다.

2 배합초 재료를 한데 담아 골고루 섞은 다음 통깨, 검은깨, 참기름과 함께 따뜻한 밥에
   넣고 고루 버무린다.

3 밥을 3등분해서 각각 김 한 장 위에 고르게 편 후 ①의 참치와 단무지를 가지런히 올려
   돌돌 말아 한입 크기로 썬다.

4 단무지 한 줄을 직게 썰어 김밥과 함께 도시락에 담는다.

김치달걀전

재료 배추김치 4쪽, 양파 ¼개, 쪽파 2뿌리, 달걀 2개, 옥수수 통조림 2큰술, 부침가루 ½컵, 식용유 약간

이렇게 만드세요

1 배추김치는 속을 털어내고 물기를 짠 후 작게 송송 썰고, 양파와 쪽파도
   작게 송송 썬다.

2 ①의 배추김치를 볼에 담고 부침가루와 달걀을 넣어 고루 섞는다.

3 ②에 양파와 쪽파, 옥수수를 넣고 골고루 섞는다. 달군 팬에 기름을 넉넉히 두르고
   반죽을 한 숟가락씩 얹어 동그랗게 모양을 만들면서 부친다.

잔멸치호두조림

재료 멸치 1컵, 호두 ½컵, 참기름 ½큰술, 통깨 2작은술, 식용유 약간
양념_ 설탕 1큰술, 청주 2작은술, 간장 · 물엿 1작은술씩

이렇게 만드세요

1 설탕, 청주 등 양념 재료들을 한데 담아 골고루 섞어 달콤 짭조름한 양념장을 만든다.

2 마른 팬에 멸치를 넣고 약한 불에서 볶다가 호두를 함께 넣고 달달 볶아
   고소한 맛은 살리고 수분과 비린내는 없앤다.

3 ②에 기름을 두르고 멸치와 호두를 좀 더 볶으면서 준비한 양념장을 고루 섞는다.
   불에서 내리기 직전, 참기름과 통깨를 넣어 고소한 맛을 더한다.

memo … 김밥은 도시락 쌀 때 반찬 고민을 줄여주는 착한 메뉴. 어린 시절엔 단무지에 소시지, 달걀… 적어도 5가지
이상의 재료들을 넣어서 만들었기 때문에 번거로웠지만, 요즘엔 두세 가지 재료로 만드는 미니 김밥이 인기라 도시락에
활용하기 쉬워졌다. 단, 재료가 적게 들어가는 만큼 밥에 양념을 좀 강하게 하는 것이 포인트. 새콤달콤한 배합초에 통깨
등을 더해 맛을 내거나 시중에서 판매하는 후리가케와 참기름, 깨소금으로 양념한다.

돈가스말이샌드위치

재료 돼지고기(돈가스용) 150g, 양상추 2장, 식빵 4장, 달걀 1개,
밀가루 · 빵가루 · 소금 · 후춧가루 약간씩,
돈가스소스 · 허니 머스터드 · 버터 약간씩, 식용유 적당량

이렇게 만드세요

1 돼지고기는 손가락 굵기로 길쭉하게 채 썰어 소금과
   후춧가루로 간을 한 후 밀가루, 달걀, 빵가루 순으로
   튀김옷을 입힌다.

2 양상추는 깨끗이 씻어 물기를 뺀 후 식빵 크기에
   맞춰 썰고, 식빵은 테두리를 모두 잘라낸다.

3 170℃로 가열한 기름에 ①을 넣어 튀긴 후 건져
   식혔다가 센 불에서 다시 한 번 바삭하게 튀긴다.

4 식빵에 버터를 바르고 한쪽 끝에 양상추를 올려
   돈가스소스와 허니 머스터드를 바른 후 튀긴
   돈가스를 가지런히 올려 돌돌 만다. 랩으로 감싸
   모양을 잡은 후 김밥 모양으로 썬다.

과일너츠샐러드

재료 사과 · 오렌지 1개씩, 청포도 · 방울토마토 약간씩, 호두 등
견과류 2큰술
소스_ 마요네즈 2큰술, 씨겨자 · 꿀 2작은술씩, 후춧가루 약간

이렇게 만드세요

1 사과는 깨끗이 씻어 껍질째 주사위 모양으로
   깍둑썰기 하고, 오렌지는 껍질을 벗겨 사과와
   비슷한 크기로 썬다.

2 방울토마토와 포도는 깨끗이 씻어 물기를 닦고,
   호두는 적당한 크기로 2~3등분한다.

3 볼에 소스 재료를 한데 섞는다.

4 도시락 용기에 준비한 소스를 먼저 담은 뒤 ①, ②의
   재료들을 보기 좋게 얹는다.

돈가스말이샌드위치 도시락

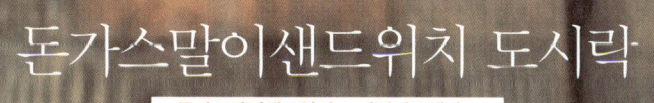

돈가스말이샌드위치 + 과일너츠샐러드

롤 샌드위치는 재료도 간단하고 휴대하거나 먹기도 편해 아침을 거르는 아이의 가방 속에 쏙 넣어 주면 좋다.
다만 며칠 지난 식빵은 수분이 적어 쉽게 부서지므로 가능하면 당일이나 전날 사온 식빵을 사용한다. 식빵을 밀대로 한번
밀어주면 더 잘 말리는데, 랩으로 단단하게 감싸 모양을 잡은 후 한입 크기로 썰거나 그대로 도시락에 담는다.

미트소스파스타 도시락

미트소스파스타 + 두부달걀부침 + 무말랭이볶음

미트소스스파스타

재료 갈은 쇠고기 150g, 마늘 2쪽, 토마토 통조림 1통, 월계수 잎 1장,
스파게티(펜네) 150g, 토마토케첩 2큰술, 청주 2작은술,
소금 · 후춧가루 · 올리브유 약간씩

이렇게 만드세요

1 끓는 물에 소금과 스파게티를 넣어 봉지에 표기되어
있는 시간대로 삶은 후 건져 올리브유 1큰술을 넣고
버무린다. 마늘은 잘게 다진다.

2 달군 팬에 올리브유를 두르고 다진 마늘을 볶다가
향이 나면 갈은 고기를 넣어 소금과
후춧가루로 간하면서 달달 볶는다.

3 ②의 고기가 익으면 청주를 섞고, 토마토 통조림과
월계수 잎, 토마토케첩을 넣은 후 토마토를 으깨면서
골고루 섞어 끓인다.

4 ③의 국물이 졸아들면서 걸쭉해지면 삶은
스파게티를 넣고 소금과 후춧가루로 간을 맞춘다.

두부달걀부침

재료 동그란 두부 180g, 달걀 1개, 밀가루 3큰술, 식용유 약간
소스_ 맛술 ⅓큰술, 마요네즈 2작은술, 간장 · 설탕 · 머스터드소스
1작은술씩

이렇게 만드세요

1 두부는 모양대로 동그랗게 썰고, 달걀은 곱게 푼다.

2 소스 재료는 한데 담아 골고루 섞는다.

3 ①의 두부에 밀가루를 골고루 묻힌 후 달걀물에
담갔다가 기름을 두른 달군 팬에 노릇노릇하게
지진다.

4 ③의 두부가 알맞게 익으면 불을 끄고 준비한 소스를
끼얹어 골고루 묻힌다.

무말랭이볶음

재료 무말랭이 25g, 쪽파 2뿌리, 다진 마늘 2작은술, 가다랭이 가루
한 줌, 참기름 1큰술, 간장 1작은술, 소금 · 통깨 약간씩

이렇게 만드세요

1 무말랭이는 물에 씻어 1시간 정도 담가 두었다가
물기를 꼭 짜고, 쪽파는 송송 썬다.

2 달군 팬에 참기름을 두르고 다진 마늘을 넣어 볶다가
①을 넣고 간장과 약간의 소금으로 간해 볶는다.

3 무말랭이가 아삭하게 볶아지면 불을 끄고 가다랭이
가루와 통깨, 송송 썬 쪽파를 넣어 버무린다.

memo … 스파게티는 보온 도시
락에 담으면 시간이 지나도 맛있게
먹을 수 있다. 문제는 도시락에 벌겋
게 얼룩이 남는 것. 이때는 식초로
닦거나 쌀뜨물에 담가 두고 부엌용
표백 · 살균 세제를 사용해 얼룩을 뺀
다. 그것도 번거롭다면 도시락 안쪽
을 랩으로 감싼 후 스파게티를 담으
면 간편하다. 스파게티 면이 붙는 것
을 막기 위해서는 소스에 면을 버무
리기 전, 올리브유를 넣고 골고루 섞
어주면 좋다.

비빔밥버거 도시락

memo… 햄버거나 샌드위치는 시간이 지나도 맛있게 먹을 수 있는 인기 도시락 메뉴 중 하나다. 하지만 빵으로 식사를 대신할 경우 왠지 밥 생각이 나는 것이 사실. 이때 유용한 음식이 고추장 소스로 맛을 낸 비빔밥버거다. 고추장 소스는 고기의 느끼한 맛을 없애주고, 볶은 채소를 듬뿍 넣어 밥을 먹은 것처럼 든든해지기 때문. 게다가 햄버그스테이크 대신 고기를 직접 볶아 넣기 때문에 만들기도 편하다. 밥을 동글납작하게 뭉친 후 구워서 빵 대신 사용해도 좋은데, 그럴 때는 밥이 흐트러지지 않도록 밀가루나 빵가루를 조금 넣어 버무린 후 뭉쳐서 굽는다.

비빔밥버거

재료 쇠고기(불고기용) 150g, 양파 ½개, 당근 ¼개, 양상추 2장, 소금·후춧가루·식용유·버터 약간씩, 식빵 4장
고기 양념_ 간장 1큰술, 설탕 2작은술, 후춧가루 약간
소스_ 토마토케첩 1큰술, 꿀·참기름 1작은술씩, 고추장 ½작은술, 통깨 약간

이렇게 만드세요

1 쇠고기는 한입 크기로 썰고, 양파는 반달 모양으로 굵게 채 썬다. 당근은 가늘게 채 썰고, 양상추는 씻어 물기를 없앤다.

2 식빵은 동그란 컵으로 찍어 모양을 만든 후 한쪽 면에 각각 버터를 바른다.

3 소스 재료는 한데 담아 골고루 섞는다.

4 달군 팬에 기름을 두르고 채 썬 양파를 넣고 볶으면서 소금과 후춧가루로 심심하게 간을 한 후 따로 담아 둔다.

5 ④의 팬을 키친 페이퍼로 닦은 후 기름을 두르고 준비한 고기와 당근을 넣어 볶으면서 고기 양념으로 간한다.

6 버터 바른 빵에 양상추를 적당하게 접어 얹고 소스를 뿌린 후 볶은 고기와 당근 채, 양파 채를 올리고 버터 바른 식빵 하나를 위에 얹는다.

일본식닭튀김

재료 닭다리(살코기) 250g, 달걀 ½개, 녹말가루 2큰술, 밀가루 1큰술, 빵가루 약간, 식용유 적당량
양념_ 간장 1½큰술, 꿀 1작은술, 다진 마늘 ½작은술, 소금 약간

이렇게 만드세요

1 닭다리는 살코기로 준비해 키친 페이퍼로 꾹꾹 눌러 물기를 없앤 후 길쭉하게 스틱 모양으로 자른다.

2 ①을 볼에 담아 달걀과 양념 재료를 전부 넣고 골고루 버무린 후 녹말가루와 밀가루를 전체적으로 섞어 한 개씩 빵가루를 입힌다.

3 ②의 닭고기를 170℃의 기름에 넣어 3분 정도 튀긴 후 꺼내 식혔다가 다시 한 번 고온에서 튀긴다.

Part 2

저녁밥 먹을 때까지 배곯지 말라고…
일하는 엄마의 아이 간식 도시락

직장을 다니는 엄마는 늘 아이의 끼니가 걱정이다. 잠시 집을 비워야 하는 경우도, 하교 후 학원을 가거나
집에 혼자 있는 아이가 마음 쓰이기는 마찬가지. 이때 유용한 것이 밥 같은 간식 도시락이다.
이것저것 간식거리를 찾아 대충 끼니를 때우기보다 엄마가 정성으로 미리 준비해 놓은 도시락을 먹는다면
얼마나 든든할까. 혼자 먹어도, 반찬이 다소 부실해도 밥은 꿀맛이다.

복잡해 보이지만 알고 보면 간단한
'위대한' 간식만 골라 소개합니다!

"어머! 너는 뱃속에 거지가 들었다니?
밥숟갈 놓고 돌아서기 무섭게 또 배가 고파?"
빙고! 엄마 말이 맞습니다. 뱃속에 거지가 들어 있지 않고서야
그렇게 수시로 배가 고플 수가 있나요?
도시락 두 개씩 싸 가지고 학교에 다니던 수험생 시절에는
그것도 모자라 틈틈이 짬짬이, 군만두에 삶은 달걀까지 넣고
잘 버무린 떡볶이를 꿀꺽꿀꺽 마시다시피 했으니까요.
그래서 언제나 치마가 터질 것 같았지만,
그래야 행복하고 살맛이 나니 어쩔 도리가 없는 거지요.
먹어도, 먹어도 배가 고픈 건 자라고 있기 때문입니다.
나무처럼 자라느라 자꾸 뭐가 필요한 거지요.
식빵도 구워주고, 고구마도 구워주고, 달걀도 삶아주고,
매콤 달콤한 떡볶이도 만들어주고 그러면 되는데…
끼니 밥과 달라서 간식 만들기는 그렇게 번거롭지도 않은데.
문제는 일하는 엄마들입니다.
아이에게 간식이 필요한 그 시간에 집 대신 직장에서 일해야 하는,
맞벌이 엄마에게 아이 간식은 참 속상한 복병이지요.

도시락은 꼭 끼니에 맞춰 먹어야만 하는 것은 아닙니다.
아시잖아요. 학교에서 두 시간 수업이 끝난 뒤,
쉬는 시간에 살살 퍼먹었던 도시락이 얼마나 맛있었는지!
아침밥 대충 차려주고는 머리를 풀어헤치고 일터로 나오는
맞벌이 엄마들이 참 많습니다.
일하는 엄마들이란 너나할 것 없이 다 같은 마음입니다.
학교 급식 겨우 먹고 집으로 돌아와서는 냉장고 안에
머리를 박고 뭐 맛있는 것 없나 뒤지는 아이들이 늘 마음에 걸리기 마련이에요.
빵 봉투라도 두고 나와야 안심이 되는 것은 그래서입니다.
집에 왔을 때… 반겨주는 엄마는 없어도 맛있는 간식이 있으면
한결 낫겠지요. 저녁 먹을 때까지 허기도 면할 수 있고,
엄마가 나를 정말 사랑하는구나, 확인하기에도 딱 좋은 게
여기 소개하는 간식 도시락입니다.
소풍날이나 운동회 같은 날에는
도시락밥과 함께 들려 보내도 엄마 어깨가 쫙 펴지는
그런 메뉴들입니다.
아! 그런 것도 좋겠어요.
볕 좋은 어느 날, 식구들과 집 앞 공원으로 산책 나갈 때요.
그럴 때 들고 나가도 제법 위안이 되는 음식들입니다.
밥구이에서 떡볶이, 샐러드와 소시지구이까지…
행복한 간식 도시락을 소개합니다.

고기현미밥튀김 도시락

고기현미밥튀김 + 딸기스무디

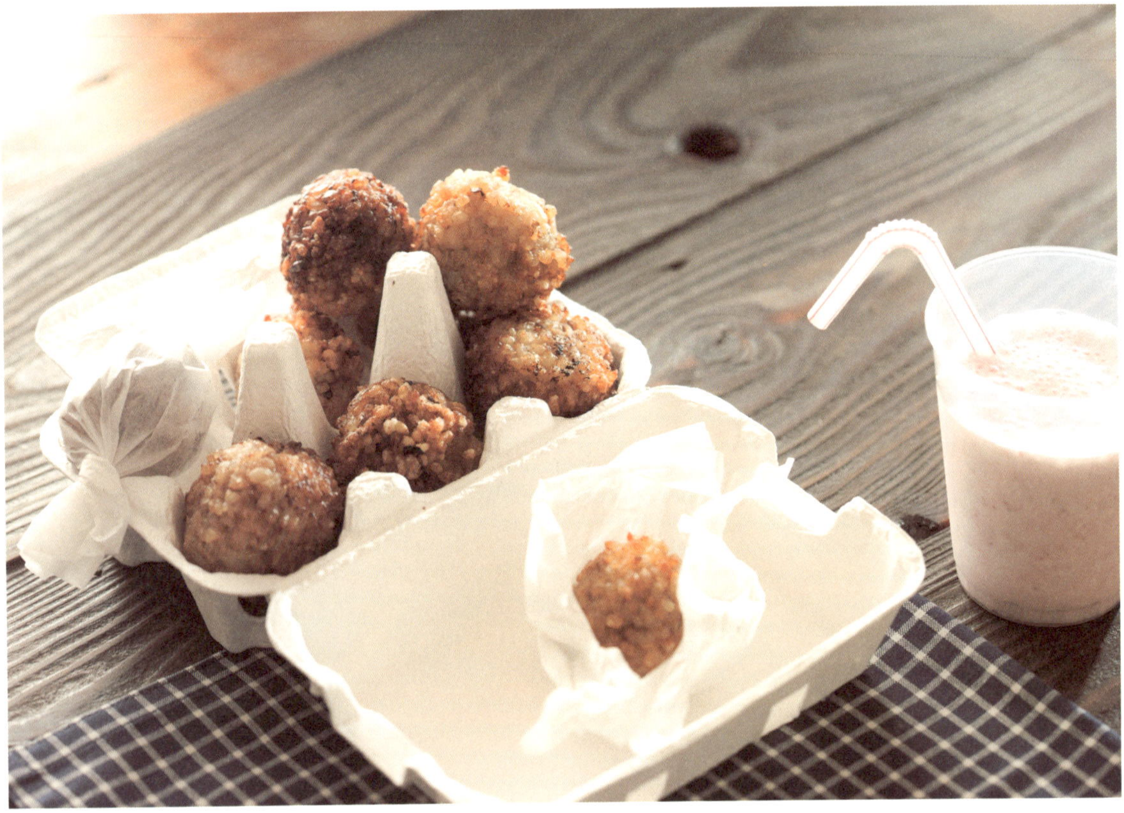

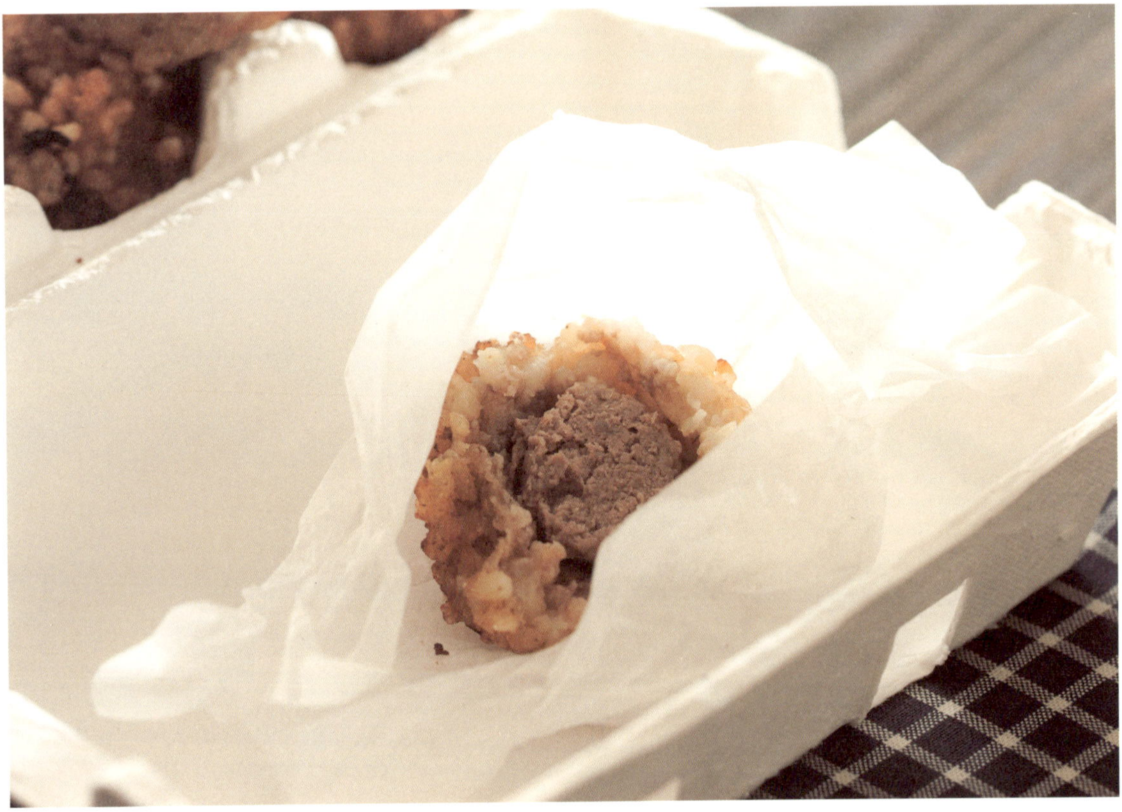

고기현미밥튀김

재료 현미밥 2공기, 갈은 쇠고기 100g, 달걀 1개, 밀가루 약간, 식용유 적당량
고기 양념_ 다진 파 2작은술, 간장·설탕 1작은술씩, 소금 ½작은술, 후춧가루 약간

이렇게 만드세요

1 현미밥은 체에 밭쳐 흐르는 물에 한 번 씻은 후 물기를 뺀다.
2 갈은 고기는 분량의 양념을 전부 넣고 골고루 반죽한 후
  동그랗게 모양을 내어 밀가루, 달걀, 현미밥 순으로 튀김옷을
  입힌다.
3 ②를 180℃의 기름에서 살살 굴려가며 4~5분 정도 튀긴 다음
  기름기를 뺀다.

딸기스무디

재료 냉동 딸기·우유 1컵씩, 플레인 요쿠르트 2큰술, 꿀 1큰술

이렇게 만드세요

냉동 딸기와 우유, 플레인 요쿠르트, 꿀을 믹서에 넣어
부드러워질 때까지 곱게 갈아 냉장고에 넣어둔다.

memo ··· 고기현미밥튀김은 손이
좀 많이 가는 메뉴이므로 아침에 바로
튀길 수 있도록 저녁에 미리 만들어
둔다. 고기 반죽을 조금씩 떼어 만들어
야 현미밥을 입혔을 때 덩어리가 너무
커지지 않고 속까지 잘 익는다. 튀길
때 부서지지 않도록 현미밥을 꼭꼭 눌
러 가며 옷을 입히고, 튀길 때도 살살
굴려가며 튀긴다.

새우케첩떡볶이 도시락

새우케첩떡볶이 + 두부소스샐러드

새우케첩떡볶이

재료 칵테일새우(냉동) 6마리, 떡볶이 떡 250g, 소금 · 후춧가루 ·
밀가루 · 식용유 약간씩, 토마토케첩 3큰술, 꿀 2작은술

이렇게 만드세요

1 새우는 해동시켜 키친 페이퍼로 물기를 충분히
닦은 후 소금과 후춧가루로 심심하게 간해 밀가루를
골고루 입힌다.

2 달군 팬에 기름을 두르고 새우를 얹어 앞뒤로
구우면서 한쪽에서는 떡볶이 떡을 부드럽게 굽는다.

3 ②에 토마토케첩과 후춧가루, 꿀을 넣어 골고루
섞는다.

두부소스샐러드

재료 브로콜리 ¼송이, 양상추 2장, 방울토마토 4개, 파프리카
(빨강 · 노랑) ½개씩, 소금 약간
소스_ 생식용 두부 ½모, 호두 등 견과류 · 레몬즙 · 메이플 시럽 ·
올리브유 1큰술씩, 두유 ½컵, 소금 약간

이렇게 만드세요

1 브로콜리는 작게 나눈 후 소금을 넣은 끓는 물에
아삭하게 데쳐 찬물에 헹군다. 양상추는 깨끗이
씻어 물기를 닦은 후 적당한 크기로 자른다.

2 방울토마토는 큰 것은 반으로 나누고, 파프리카는
속 씨를 제거한 후 가늘게 채 썬다.

3 소스 재료를 믹서에 전부 넣고 곱게 간다.

4 준비한 채소들을 보기 좋게 도시락에 담고 소스를
다른 용기에 담거나 소스를 먼저 도시락에 담고,
그 위에 채소들을 얹는다.

memo ⋯ 새우는 생새우를 다듬어 사용하면 좋지만 바쁘고 번거로울 때
는 미리 손질되어 있는 냉동 칵테일새우를 사용하면 시간을 줄일 수 있다.
새우를 해동시켜 물기를 제거한 후 간을 하고 다시 한 번 물기를 닦고 구워
야 기름이 튀지 않고 바삭하게 구울 수 있다. 마찬가지로 샐러드도 채소의
물기를 가능하면 말끔히 없애는 게 중요하다. 소스를 미리 부어 놓으면 물
기가 생기므로 소스를 따로 담거나 소스를 먼저 용기에 담은 후 그 위에 채
소들을 얹는다.

또띠야샌드위치 도시락

또띠야샌드위치 + 호두우유 + 방울토마토

memo··· 또띠야샌드위치는 랩으로 돌돌 말아서 한입 크기로 썰면 먹기 편한데 아이들은 통째로 들노 먹는 것을 더 좋아하기도 한다. 이때는 속 재료들이 밖으로 새나오지 않도록 재료들을 얹은 다음 한쪽 옆면을 접은 후 돌돌 말아 랩이나 페이퍼 포일 등으로 고정시킨다.

또띠야샌드위치

재료 닭 가슴살 150g, 상추 4장, 파프리카(빨강·노랑) ½개씩, 양배추·또띠야 2장씩, 소금·후춧가루·버터·식용유 약간씩, 허니 머스터드 4큰술

이렇게 만드세요

1 닭 가슴살은 두꺼운 것은 반으로 저며 썰어 소금과 후춧가루로 심심하게 간을 하고 기름을 두른 달군 팬에 앞뒤로 노릇노릇하게 구워 굵게 채 썬다.

2 상추는 깨끗이 씻어 물기를 빼고, 파프리카는 속 씨를 제거한 후 가늘게 채 썬다. 양배추는 굵은 심을 제거한 후 가늘게 채 썬다.

3 또띠야는 마른 팬에 앞뒤로 살짝 구워 부드럽게 만든 후 식힌다.

4 또띠야에 버터를 바른 후 상추 2장을 이어서 얹고 채 썬 닭 가슴살과 채소들을 올리고 허니 머스터드를 넉넉히 뿌린다. 돌돌 말아 랩으로 감싸서 고정시킨 후 한입 크기로 썬다.

호두우유

재료 우유 2컵, 호두 2큰술, 꿀 2작은술

이렇게 만드세요

믹서에 우유와 호두, 꿀을 넣어 곱게 간 후 냉장고에 넣어 둔다.

소시지감자채구이 도시락

소시지감자채구이 + 과일프렌치토스트 + 토마토케첩 + 메이플시럽

memo… 소시지감자채구이는 스위스풍의 감자 요리로 감자의 전분을 이용, 재료들이 한 덩어리가 되도록 만드는 것이 포인트다. 따라서 감자채는 기능한 한 기늘게 채 써는 것이 좋고, 물에 담그지 말고 그대로 요리한다. 뒤집개로 꾹꾹 눌러 틈이 없도록 동그랗게 모양을 만든 다음 갈색빛이 돌고 바삭하게 구워지면 한 번만 뒤집어서 굽는다. 자꾸 뒤집으면 형태가 일그러질 수도 있기 때문이다.

소시지감자채구이

재료 감자 2개, 소시지 80g, 소금 · 후춧가루 · 가루 치즈 · 토마토케첩 약간씩, 버터 · 올리브유 적당량씩

이렇게 만드세요

1 감자와 소시지는 가늘게 채 썬다.

2 달군 팬에 올리브유를 두르고 채 썬 소시지를 볶다가 감자채를 넣어 약한 불에서 함께 볶는다.

3 ②에 가루 치즈와 소금, 후춧가루를 넣어 알맞게 간을 한 후 주걱으로 꾹꾹 눌러서 동그랗게 모양을 만든다.

4 노릇노릇 알맞게 구워지면 뒤집어 가장자리에 버터를 녹이면서 반대편도 구운 다음 도시락을 쌀 때 적당하게 썰어 넣고 토마토케첩을 곁들인다.

과일프렌치토스트

재료 식빵 3장, 딸기 4개, 오렌지 · 사과 ½개씩, 바나나 · 키위 1개씩, 달걀 2개, 우유 4큰술, 설탕 1큰술, 버터 · 메이플 시럽 약간씩

이렇게 만드세요

1 식빵은 각각 4등분한다.

2 딸기는 반으로, 오렌지는 한입 크기로 큼직하게 썰고, 사과는 껍질째 오렌지와 비슷한 크기로 썬다. 바나나는 동그랗게 썰고, 키위는 반달 모양으로 도톰하게 썬다.

3 달걀을 곱게 푼 다음 우유와 설탕을 넣어 골고루 섞는다.

4 ③에 식빵을 넣고 뒤집어가며 충분히 담가 둔다.

5 달군 팬에 버터를 두르고 ④를 얹어 앞뒤로 알맞게 구운 후 식힌다. 식빵이 충분히 식으면 준비한 과일을 얹는다. 이때 메이플 시럽을 곁들인다.

고기주먹밥구이 도시락

고기주먹밥구이 + 미니꼬치

memo ··· 고기주먹밥구이를 만들 때는 주먹밥을 골고루 굴려가며 갈색빛이 돌 때까지 구운 후 양념해야 겉은 바삭하고 안은 부드러운 주먹밥이 완성된다. 맛도 있고 보기에도 예쁜 꼬치 요리는 재료에 크게 구애받을 필요가 없다. 과일이나 채소, 메추리알, 구운 새우까지 아이가 좋아하는 것이라면 무엇이든 상관없다. 먹기도 간편하고 용기에 담아 아이들 가방 속에 넣어 주기도 좋은 메뉴다.

고기주먹밥구이

재료 쇠고기(불고기용) 200g, 밥 2공기, 소금 · 후춧가루 ·
식용유 약간씩
양념_ 물 1큰술, 간장 2작은술, 고추장 · 설탕 · 맛술 1작은술씩,
다진 마늘 ½작은술, 참기름 · 깨소금 · 후춧가루 약간씩

이렇게 만드세요

1 쇠고기는 한입 크기로 썬 후 소금과 후춧가루로
   심심하게 간을 하고, 밥은 동그랗게 한입 크기로
   주먹밥을 만든다.

2 양념 재료들을 한데 담아 골고루 섞는다.

3 달군 팬에 기름을 두르고 ①의 주먹밥을 굴려가며
   노릇노릇하게 구운 후 따로 담아 둔다.

4 ③의 팬에 양념한 고기를 얹어 알맞게 구운 후
   준비한 양념장을 넣고 볶다가 ③과 함께 양념을
   묻혀가며 굽는다.

미니꼬치

재료 고구마 1개, 사과 ½개, 치즈 볼 · 방울토마토 8개씩, 설탕 약간
소스_ 마요네즈 3큰술, 허니 머스터드 · 우유 · 꿀 2작은술씩

이렇게 만드세요

1 고구마는 깨끗이 씻어 껍질째 반달 모양으로 썬 후
   끓는 물에 데쳐 식힌다.

2 사과는 껍질째 깨끗이 씻어 고구마와 비슷한 크기로
   깍둑썰기 한 후 설탕물에 담갔다 건진다.

3 소스 재료는 한데 담아 골고루 섞는다.

4 고구마와 사과, 치즈 볼과 방울토마토를 보기 좋게
   꼬치에 꿴 후 소스를 곁들인다.

길거리표달걀샌드위치 도시락

길거리표달걀샌드위치 + 토마토복숭아주스 +올리브

memo···   길거리표달걀샌드위치는
포장마차에서 아침 식사 대용으로 파
는 샌드위치를 본떠 만든 메뉴. 만들
기도 간단한 데다 달콤한 맛 때문에
아이들이 좋아한다. 뜨거울 때 먹는
것이라면 상관없지만 식은 후에 먹
으면 뜨거운 달걀이 식으면서 식빵이
눅눅해질 수 있으므로 식빵 한쪽 면
에 버터를 바르고, 구운 달걀도 충분
히 식힌 후에 얹는 것이 좋다.

길거리표달걀샌드위치

재료 당근 ¼개, 양배추 2장, 달걀 3개, 식빵 4장, 토마토케첩 3큰술, 소금 · 버터 · 설탕 · 올리브 약간씩

이렇게 만드세요

1 당근과 양배추는 가늘게 채 썬다.

2 달걀은 곱게 풀어 소금으로 심심하게 간한 후 ①의 채소들과 한데 섞는다.

3 달군 팬에 식빵을 올려 앞뒤로 노릇노릇하게 구운 후 따로 담아 둔다.

4 ③의 팬에 버터를 녹인 후 ②를 반으로 나눠 넣고 앞뒤로 굽는다.

5 구운 식빵 한쪽 면에 각각 버터를 바르고 구운 달걀을 올린 후 토마토케첩과 설탕을 뿌려 식빵으로 덮는다. 먹기 좋게 4등분한 후 올리브를 곁들인다.

토마토복숭아주스

재료 토마토 4개, 복숭아 통조림 2쪽, 꿀 2작은술

이렇게 만드세요

토마토는 적당한 크기로 썰어 믹서에 담고 복숭아 통조림과 꿀과 함께 곱게 간 후 냉장고에 넣어 둔다.

미니핫도그 도시락

미니핫도그 + 참깨과자 + 토마토케첩

memo··· 미니핫도그는 핫케이크 반죽을 가능하면 얇게 펴는 것이 중요하다. 돌돌 말아서 익혀야 하기 때문에 두꺼우면 안쪽이 덜 익는 경우가 있기 때문. 소시지를 올려 돌돌 만 후 뚜껑을 덮고 약한 불에서 가끔 굴려가며 충분히 익힌다.

미니핫도그

재료 미니 윈너 소시지 10개, 우유 1½큰술, 핫케이크 가루 ½컵, 달걀 ½개, 토마토케첩 약간

이렇게 만드세요

1 소시지는 끓는 물에 살짝 데친다.

2 우유에 핫케이크 가루와 달걀을 넣고 골고루 섞어 반죽을 만든다.

3 달군 팬에 ②의 핫케이크 반죽을 한 숟가락씩 얹어 길쭉하게 편다. 표면에 동글동글 구멍이 생기면 데친 소시지를 올려 돌돌 만 후 뚜껑을 덮어 좀 더 익힌다. 도시락을 쌀 때 토마토케첩을 곁들인다.

참깨과자

재료 식빵 4장, 버터 2큰술, 설탕 1큰술, 통깨·검은깨 약간씩

이렇게 만드세요

1 식빵은 스틱 형태로 길쭉하게 자르고, 버터는 실온에 두어 부드럽게 한 후 설탕을 넣어 골고루 섞는다.

2 ①의 식빵 한쪽 면에 준비한 버터를 바른 후 반은 통깨를, 나머지 반은 검은깨를 충분히 묻힌다. 갈색빛이 돌 때까지 토스터에 굽는다.

memo··· 참깨과자는 바로 구입한 부드러운 식빵을 사용할 필요가 없다. 오히려 하루 이틀 지나 다소 뻣뻣해진 식빵을 사용하는 것이 만들기 편하다.

참치채소밥전 도시락

참치채소밥전 + 과일스틱요쿠르트소스 + 토마토케첩

memo ⋯ 아이들은 간식까지 포함해 하루 세 끼가 아니라 네 끼, 다섯 끼를 먹는 경우도 있다. 이럴 때를 대비하여 밥을 적당히 활용해 간편하고 든든한 간식을 준비한다. 갖가지 채소와 밥을 넣어 만든 참치채소밥전은 한 끼 식사로도 손색이 없다. 식어도 맛있게 먹을 수 있어 미리 만들어 두어도 좋다. 과일을 먹지 않는 아이들에게는 과일스틱을 만들어 준다. 알록달록 빛깔 고운 과일을 모양내어 담고, 달콤한 요쿠르트소스를 곁들이면 과일을 싫어하는 아이들도 마치 과자를 먹는 듯 좋아한다.

참치채소밥전

재료 참치 통조림(작은 것) 1통, 양송이버섯 3개, 피망 ½개, 양파 ¼개, 옥수수 통조림 4큰술, 현미밥 2공기, 달걀 2개, 밀가루 3큰술, 소금 · 후춧가루 · 식용유 · 토마토케첩 약간씩

이렇게 만드세요

1 참치 통조림은 체에 담아 기름기를 제거한 후 잘게 으깬다.

2 양송이버섯은 지저분한 밑동을 자른 후 잘게 썰고, 피망은 속 씨를 제거한 후 잘게 썬다. 양파도 버섯과 비슷한 크기로 썬다.

3 옥수수 통조림은 체에 밭쳐 물기를 제거한다.

4 볼에 밥과 참치 및 준비한 채소 재료를 넣고 소금과 후춧가루로 심심하게 간을 하고, 달걀과 밀가루를 넣어 덩어리지지 않게 반죽한다.

5 달군 팬에 기름을 두르고 ④의 반죽을 한 숟가락씩 얹어 동그랗게 편 후 앞뒤로 노릇노릇하게 지진다. 도시락을 쌀 때 토마토케첩을 곁들인다.

과일스틱요쿠르트소스

재료 사과 · 바나나 · 오렌지 1개씩, 배 ½개, 설탕 약간
소스_ 플레인 요쿠르트 1컵, 꿀 1큰술

이렇게 만드세요

1 사과와 배는 깨끗이 씻어 껍질째 스틱 모양으로 썬 후 설탕물에 담갔다 건져 물기를 뺀다.

2 바나나와 오렌지는 껍질째 스틱 모양으로 썬다.

3 소스 재료를 한데 담아 골고루 섞는다.

4 준비한 과일 스틱과 요쿠르트소스를 따로 담는다.

Part 3

들고 나가 먹어도, 집에서 먹어도…
온 가족 별식 꿀맛 도시락

나들이나 소풍 갈 때 도시락을 싸곤 하는데, 온 가족이 식탁에 둘러앉아 먹는 도시락도 의외로 별미다.
식구 수대로 적당한 용기를 준비하고, 먹을 만큼 차곡차곡 정성스럽게…
별미 일품 반찬 한 가지만 준비하면 되니 준비 과정도 간편하다. 늘 먹던 콩나물무침, 달걀말이도
특별하게 느껴지는 것은 바로 도시락의 힘이다! 마치 소풍 나온 듯 가족들 얼굴에 웃음꽃이 활짝 핀다.

도시락 먹을 거예요. 아빠랑, 엄마랑 집에서 소풍 놀이하는 거예요.

소풍 가서 먹었던 사이다에 김밥처럼,
오늘 한 끼는 집에서 도시락 먹는 거 어때요?

지금 막 갈아 내린 원두커피의 맛을 따라잡을 순 없지만,

때때로 어느 순간, 인스턴트 커피가 더 맛날 때가 있습니다.

음… 그럴 때요. 바람 솔솔 부는 어느 날, 산책길에서 만난 자판기 커피.

바닷가에 앉아 종이컵 돌려가며 마시는 5백원짜리 리어카 커피도 일품이지요.

그런 게 있더라고요. 어디서 먹는가에 따라 같은 맛도 달라지는 것.

도시락이 꼭 그렇습니다. 똑같은 반찬도 접시에 담지 않고,

도시락에 줄 맞춰 담으면 달라 보이는 것, 이런 게 도시락의 매력입니다.

도시락의 그런 위대함을 발견하고 난 뒤, 저는 아무 때나 도시락을 쌌습니다.

"우리, 오늘 저녁은 도시락으로 할까?"

대단한 요리라도 해줄 양 큰소리 땅땅 치고는 찬합을 꺼내는 거지요.

그 안에 김치볶음 넣고, 콩자반 넣고, 오징어채무침 넣고…

별것도 아닌 반찬들만 담아서 식탁에 올려도 가족들이 전혀 타박하지 않거든요.

아니, 꼭 집에서만 먹을 필요도 없습니다.

"도시락도 쌌는데 우리 공원에 가서 먹을까? 그럼 좋겠지?"

나무늘보 같은 남편도 이런 제안에는 군소리 없이 따라나서기 십상이거든요.

특별한 음식이 아니어도 이벤트가 되는 온 가족 도시락.

2% 부족한 음식도 최고급 레스토랑 음식처럼 느껴지게 만드는

위대한 가족 도시락이 여기 있습니다. 꼭 한번 따라해 보세요.

감자닭고기버터구이 도시락

감자닭고기버터구이 + 두부채소스냉채 + 피망볶음 + 흰밥(검은깨) + 방울토마토

감자닭고기버터구이

재료 감자 1개, 닭다리 살(살코기) 200g, 맛술 2큰술, 간장·버터 1큰술씩, 식용유 약간
닭고기 양념_ 청주 2작은술, 소금·후춧가루 약간씩

이렇게 만드세요

1 감자는 껍질을 벗겨 큼직하게 한입 크기로 썰어 전자레인지에서 3분 정도 익힌다.

2 닭다리 살은 불필요한 기름을 떼어내고 껍질 쪽에 군데군데 칼집을 넣은 후
한입 크기로 썰어 닭고기 양념으로 밑간을 한다.

3 달군 팬에 기름을 두르고 ①의 감자를 넣어 굽다가 양념한 닭고기를 한쪽에 올려
노릇노릇하게 함께 굽는다.

4 닭고기가 익으면 맛술과 간장을 넣어 골고루 섞고, 마지막에 버터를 넣어 고루
버무려서 풍미를 더한다.

두부채소소스냉채

재료 두부 200g, 토마토 1개, 오이·파프리카(빨강·노랑) ½개씩, 소금 약간
소스_ 참깨 3큰술, 간장 1½큰술, 식초·설탕 1큰술씩

이렇게 만드세요

1 두부는 주사위 모양으로 깍둑썰기 한다. 토마토는 두부와 비슷한 크기로 썬 후
속 씨를 제거한다.

2 오이는 소금으로 문질러 씻어 다른 재료들과 비슷한 크기로 썬다.
파프리카는 속 씨를 제거한 후 네모지게 썬다.

3 참깨를 분마기에 곱게 간 후 나머지 소스 재료들을 넣어 골고루 섞는다.

4 준비한 두부와 토마토, 오이, 파프리카를 한데 담고 소스를 위에 뿌리거나
따로 담는다.

피망볶음

재료 피망 2개, 참기름 1큰술, 간장 ½큰술, 검은깨 2작은술, 소금 약간

이렇게 만드세요

1 피망은 속 씨를 제거한 후 도톰하게 채 썬다.

2 달군 팬에 참기름을 두르고 채 썬 피망을 넣어 볶다가 간장과 소금으로 간을 맞추고
불에서 내리기 직전 검은깨를 넣어 고루 섞는다.

memo ··· 두부채소냉채는 여름철 도시락 메뉴로 적당하다. 상큼하고 고소한 소스가 입맛을 돋워주기 때
문이다. 집에서 먹을 때는 상관없지만 밖에 싸가지고 나갈 때는 별도의 용기에 따로 담는 게 보기에도 예쁘
고 다른 반찬과 섞일 염려도 없다. 빛깔이 고우므로 투명한 병이나 속이 보이는 플라스틱 용기에 담으면 더
좋다. 소스는 따로 담아 먹기 직전에 뿌린다.

두부햄버거볼 도시락

두부햄버거볼 + 가지꽈리고추무침 + 오이톳무침 + 잡곡밥(통깨)

두부햄버거볼

재료 갈은 쇠고기 · 두부 · 숙주 150g씩, 부추 100g, 달걀 1개,
소금 · 후춧가루 · 올리브유 약간씩
소스_ 청주 · 맛술 2큰술씩, 간장 1큰술, 설탕 1작은술

이렇게 만드세요

1 큰 볼에 갈은 쇠고기와 두부를 으깨 넣고 달걀과
  소금, 후춧가루를 넣어 한참을 치댄다. 반죽에서
  끈기가 생기면 조금씩 떼어 한입 크기로 동그랗게
  모양을 만든다.

2 숙주는 다듬어 씻어 물기를 뺀다. 부추는 다듬어
  씻은 다음 적당한 길이로 썬다.

3 달군 팬에 올리브유를 두르고 숙주를 달달 볶다가
  어느 정도 익으면 부추를 넣고 함께 볶으면서 소금과
  후춧가루로 간한다.

4 ③의 팬을 키친 페이퍼로 닦은 후 올리브유를 살짝
  두르고 ①이 갈색빛이 되도록 굴려가며 구운 후 소스
  재료를 전부 넣고 골고루 끼얹어가며 살짝 조린다.

5 도시락 용기에 볶은 숙주와 부추를 담고 그 위에
  조린 ④를 얹는다.

가지꽈리고추무침

재료 가지 1개, 꽈리고추 10개, 밀가루 약간
양념_ 물엿 · 참기름 · 깨소금 ½큰술씩, 고춧가루 2작은술,
국간장 · 진간장 · 다진 파 1작은술씩, 다진 마늘 ½작은술

이렇게 만드세요

1 가지는 동글동글 도톰하게 썰고, 꽈리고추는 꼭지를
  떼고 깨끗이 씻어 한두 군데 칼집을 넣는다.

2 ①에 밀가루를 고루 묻힌 후 김이 오른 찜통에
  면보를 깔고 가지런히 올려 3분 정도 쪄서 식힌다.

3 분량의 양념 재료를 볼에 담아 골고루 섞은 후
  ②의 찐 가지와 꽈리고추를 넣고 고루 버무린다.

오이톳무침

재료 톳 100g, 오이 ⅓개, 소금 약간
양념_ 고추장 · 된장 ½큰술씩, 참기름 1작은술, 설탕 · 고춧가루 ·
다진 마늘 ½작은술씩, 통깨 약간

이렇게 만드세요

1 톳은 끓는 물에 살짝 데쳐 찬물에 여러 번 헹군 후
  먹기 좋은 크기로 자른다. 오이는 반으로 갈라
  어슷하게 썬 후 소금에 살짝 절였다가 헹궈 물기를
  짠다.

2 분량의 재료를 한데 담아 골고루 섞어 양념장을
  만든다.

3 ①의 재료를 볼에 담아 양념장으로 고루 버무린다.

memo··· 두부 요리는 물기를 제
거하는 과정이 좀 번거로운 편. 반죽
을 며칠 보관하지 않고 바로 조리한
다면 두부의 물기를 따로 제거하지
않고 겉에 묻어 있는 물기만 닦아서
반죽해도 괜찮다. 숙주와 부추도 아
삭하면서 물기 없이 볶는 게 생각보
다 어려운 재료들. 생으로도 먹을 수
있는 채소들이니 오래 볶을 필요는
없다. 센 불에서 재빨리 볶아내는데,
숨이 죽기 시작할 즈음 불에서 내리
면 아삭하게 먹을 수 있다.

민어양념구이 도시락

민어양념구이 + 멸치꽈리고추조림 + 구운무샐러드 + 흰밥(통깨)

민어양념구이

재료 민어 살 300g, 참기름 2작은술, 꿀 1작은술, 소금 · 후춧가루 · 식용유 약간씩
양념_ 간장 3큰술, 설탕 · 청주 1큰술씩, 다진 마늘 ½큰술, 후춧가루 약간

이렇게 만드세요

1 민어 살은 한입 크기로 굵직하게 썰어 소금과 고춧가루로 밑간을 한다.

2 분량의 재료로 양념장을 만든 후 ①을 넣어 조물조물 무친다.

3 달군 팬에 기름을 두르고 ②를 올려 앞뒤로 알맞게 익히고 참기름과 꿀을 넣어 잘 섞는다.

멸치꽈리고추조림

재료 꽈리고추 50g, 멸치 30g, 통깨 · 식용유 약간씩
양념_ 물 2큰술, 고추장 · 설탕 1큰술씩, 맛술 2작은술, 간장 1작은술

이렇게 만드세요

1 꽈리고추는 꼭지를 떼어 군데군데 칼집을 넣는다.

2 양념 재료는 한데 담아 골고루 섞는다.

3 달군 팬에 기름을 두르고 꽈리고추와 멸치를 넣어 달달 볶은 후 따로 담는다.

4 팬에 준비한 양념장을 넣어 한소끔 끓인 후 ③을 넣어 골고루 버무리면서 좀 더 조린다. 마지막에 통깨를 뿌린다.

구운무샐러드

재료 무 200g, 식용유 약간
소스_ 올리브유 2큰술, 다진 양파 · 발사믹소스 1큰술씩, 씨겨자 · 꿀 1작은술씩, 소금 · 후춧가루 약간씩

이렇게 만드세요

1 무는 1cm 두께로 도톰하게 모양대로 썬 후 양면에 바둑판 모양으로 촘촘하게 칼집을 넣어 4등분한다.

2 소스 재료는 한데 담아 골고루 섞는다.

3 달군 팬에 식용유를 두르고 준비한 무를 올려 뒤집어가며 너무 무르지 않게 익힌다.

4 구운 무를 볼에 담고 소스를 넣어 골고루 버무린다.

memo … 민어는 담백하면서도 비린내가 적어 식어도 맛있게 먹을 수 있는 생선 중 하나다. 손질한 민어 살이나 냉동 민어 살을 사용해도 괜찮은데 한입 크기로 작게 썰이 조리하면 먹기 간편해서 좋다. 간장 소스에 양념해 구울 때 타지 않도록 잘 살펴보면서 앞뒤로 살짝 굽도록 한다. 작게 썰어 굽기 때문에 생각보다 금방 익는다.

고기양배추볶음 도시락

고기양배추볶음 + 두부매콤양념구이 + 미역줄기볶음 + 현미밥(검은깨)

고기양배추볶음

재료 쇠고기(불고기용) 200g, 양배추 4장, 소금·후춧가루·참기름 약간씩
양념_ 간장 1½큰술, 청주·깨소금 1큰술씩, 맛술 ½큰술, 설탕·굴소스 1작은술씩

이렇게 만드세요

1 쇠고기는 한입 크기로 썰어 소금과 후춧가루로 심심하게 간한다.

2 양배추는 굵은 심 부분을 잘라내고 가늘게 채 썬다.

3 분량의 재료를 골고루 섞어 양념장을 만든다.

4 달군 팬에 참기름을 두르고 준비한 고기를 넣어 센 불에서 굽다가 어느 정도 익으면 양념장을 넣어 간이 배도록 좀 더 볶는다. 불을 끈 상태에서 채 썬 양배추를 넣어 골고루 섞는다.

두부매콤양념구이

재료 두부 300g, 녹말가루 4큰술, 통깨 2작은술, 식용유 약간
양념_ 청주 2큰술, 간장·고추장·고춧가루·물엿 1큰술씩, 다진 마늘 1작은술, 참기름 약간

이렇게 만드세요

1 두부는 키친 페이퍼로 감싸 전자레인지에서 2분 정도 가열해 물기를 없앤 후 여분의 물기를 닦고 한입 크기로 썰어 녹말가루를 골고루 입힌다.

2 달군 팬에 기름을 두르고 ①의 두부를 올려 앞뒤로 노릇노릇하게 굽는다.

3 양념 재료를 한데 담고 ②의 두부에 골고루 바르면서 좀 더 구운 후 통깨를 뿌린다.

미역줄기볶음

재료 미역 줄기 200g, 양파 ⅓개, 마늘 2쪽, 식용유 약간
양념_ 다진 파 2큰술, 국간장·참기름 1큰술씩, 깨소금 2작은술, 설탕 1작은술, 소금 약간

이렇게 만드세요

1 미역 줄기는 물에 여러 번 헹궈 소금을 털어낸 후 새 물에 1시간 이상 담가 소금기를 뺀다. 체에 담아 물기를 없앤 후 적당한 길이로 썬다.

2 양파는 채 썰고, 마늘은 잘게 다진다.

3 달군 팬에 기름을 두르고 다진 마늘을 넣어 달달 볶다가 향이 우러나면 미역 줄기와 양파를 넣어 한참을 볶는다.

4 ③이 알맞게 익으면 다진 파와 국간장, 설탕으로 기본 간을 한 후 참기름과 깨소금을 넣고 부족한 간은 소금으로 맞춘다.

memo ⋯ 고기양배추볶음은 양배추가 아삭하게 씹혀야 제맛이 난다. 오래 익히다 보면 물이 생겨 도시락 반찬으로 적당하지 않다. 고기를 완전히 익힌 다음 불을 끈 상태에서 남은 열을 이용해 양배추 채를 볶는다. 또 도시락에 담을 때는 양념 국물이 흐르지 않도록 키친 페이퍼로 살짝 눌렀다 담는 것이 안전하다.

구운명란주먹밥 도시락

구운명란주먹밥 + 돼지고기두반장볶음 + 마늘종새우볶음

구운명란주먹밥

재료 명란젓 60g, 밥 2공기, 깨소금 · 참기름 2작은술씩,
소금 ½작은술, 식용유 약간, 김 1장

이렇게 만드세요

1 명란젓은 달군 팬에 참기름을 두르고 굴려가며
  익혀 반으로 썬다. 김은 길쭉하게 썬다.

2 밥에 깨소금과 참기름, 소금을 넣어 고루 버무린다.

3 손에 물을 조금 묻혀 양념한 밥 한 공기를 얹고
  가운데 부분에 구운 명란을 넣어 감싸듯이 뭉쳐서
  삼각형 모양으로 주먹밥을 만든다.

4 완성된 주먹밥에 김을 두른다.

마늘종새우볶음

재료 마늘종 150g, 마른 새우 ⅓컵, 참기름 · 통깨 · 식용유 약간씩
양념_ 물 2큰술, 간장 · 맛술 1큰술씩, 설탕 ½큰술, 물엿 1작은술, 다진
마늘 ½작은술

이렇게 만드세요

1 마늘종은 단단한 끝 부분을 잘라내고 씻어 물기를
  없앤 후 4cm 길이로 썬다. 마른 새우는 체에 담아
  흔들어 잡티를 제거한다.

2 양념 재료는 한데 담아 골고루 섞는다.

3 달군 팬에 마른 새우를 넣어 약한 불에서 볶다가
  기름을 두르고 좀 더 볶은 후 준비한 마늘종을 함께
  볶아서 따로 담는다.

4 팬에 준비한 양념장을 넣어 한소끔 끓인 후 ③을
  넣어 재빨리 섞으면서 볶는다. 마지막에 참기름과
  통깨로 고소한 맛을 더한다.

돼지고기두반장볶음

재료 돼지고기(목살) 250g, 양파 ½개, 청경채 150g, 굵은 파 ½대,
마늘 3쪽, 소금 · 후춧가루 · 참기름 · 식용유 약간씩
양념_ 두반장 · 청주 1큰술씩, 설탕 ½큰술, 간장 1작은술, 후춧가루 ·
참기름 약간씩

이렇게 만드세요

1 돼지고기는 한입 크기로 썰고, 양파는 네모지게
  큼직하게 썬다.

2 청경채는 가닥가닥 나눠 큼직한 것은 반으로 썬다.
  굵은 파는 어슷하게 썰고, 마늘은 저며 썬다.

3 분량의 재료로 양념장을 만든다.

4 달군 팬에 기름을 두르고 저민 마늘을 넣어 볶는다.
  향이 우러나면 고기와 양파를 넣어 어느 정도 볶다가
  양념장과 굵은 파를 넣고 골고루 섞으면서 볶는다.

5 ④가 거의 익으면 마지막에 준비한 청경채를 넣어
  좀 더 볶은 후 소금과 후춧가루로 간을 맞추고
  불에서 내리기 직전 참기름을 넣어 고루 섞는다.

memo … 　 정통 일본식 주먹밥은 밥에 따로 양념을
하지 않고 손에 물과 소금을 발라 밥을 그냥 뭉쳐서 큼
직하게 만든다. 구수하면서도 단맛이 나는 밥 자체의
맛을 즐기기 위한 방법인 셈. 하지만 아이들은 그 맛을
잘 모르기 때문에 참기름과 깨소금을 넣어 고소한 맛
을 더하는 것이 좋다. 명란젓은 너무 익으면 단단해지
므로 참기름을 둘러 반 정도만 익히고, 커다란 주먹밥
은 들고 먹을 수 있도록 랩으로 감싸 도시락 용기에 담
는다.

충무김밥 도시락

충무김밥 + 무오징어무침 + 고기마돌돌말이조림

충무김밥

재료 김밥용 김 3장, 밥 3공기, 통깨 약간
배합초_ 식초 1½큰술, 설탕 ½큰술, 소금 ½작은술

이렇게 만드세요

1 배합초 재료는 모두 섞어 밥에 뿌린 후 통깨를
넣고 골고루 섞는다.

2 김은 각각 6등분한 후 양념한 밥을 펴 얹고 돌돌
만다.

무오징어무침

재료 무 300g, 오징어 1마리, 고춧가루 · 물엿 1큰술씩
절임 양념_ 식초 · 양파즙 2큰술씩, 설탕 1큰술, 소금 2작은술,
다진 마늘 1작은술

이렇게 만드세요

1 무는 길쭉하고 도톰하게 썰어 절임 양념에 30분
정도 버무린다.

2 오징어는 내장을 손질해 껍질을 벗긴 후 안쪽에
칼집을 넣어 무와 비슷한 크기로 썰어 끓는 물에
10초 정도 데친다.

3 데친 오징어는 체에 밭쳐 식힌 후 ①에 넣고 섞어
냉장고에 20분 정도 둔다.

4 새콤달콤한 맛이 밴 오징어와 무를 절임 양념에서
건져 고춧가루와 물엿을 넣고 버무린다.

고기마돌돌말이조림

재료 마 200g, 쇠고기(샤브샤브용) 250g, 녹말가루 · 식용유 약간씩
양념_ 간장 · 청주 · 맛술 2큰술씩, 설탕 ½큰술, 물 1큰술

이렇게 만드세요

1 마는 껍질을 벗긴 후 스틱 모양으로 굵게 채 썬다.

2 쇠고기는 넓게 편 후 녹말가루를 살짝 뿌리고 ①을
올려 감싸듯이 돌돌 만다.

3 달군 팬에 기름을 두르고 ②를 갈색빛이 돌 때까지
굴려가며 구운 후 따로 담는다.

4 팬을 키친 페이퍼로 살짝 닦은 후 양념 재료를
전부 넣어 바글바글 끓인 후 ③을 넣고 국물을
끼얹으면서 조린다. 식힌 후 반으로 썰어 담는다.

memo … 고기마돌돌말이조림
은 마가 아니더라도 집에 남아 있
는 채소라면 어느 것이든 사용할
수 있다. 감자나 당근, 마늘종, 쪽
파, 아스파라거스 등과도 무척 잘
어울린다. 모양이 흐트러지지 않도
록 쇠고기에 녹말가루를 뿌려 돌돌
말고 국물이 졸아들 때까지 조린
다음 도시락에 담을 때는 키친 페
이퍼로 국물을 살짝 닦아낸 후 담
도록 한다. 무오징어무침도 물기가
생기기 쉬운 음식인데, 마지막에 물
엿으로 버무리면 코팅 효과가 있어
서 국물이 잘 흐르지 않는다.

모듬쌈밥 도시락

모듬쌈밥 + 연근조림 + 김치두부두루치기

모듬쌈밥

재료 현미밥 3공기, 쌈 다시마 약간, 깻잎 · 양배추 4장씩, 풋고추 3개
밥 양념_ 후리가케 3큰술, 참기름 · 깨소금 1큰술씩
고추 양념_ 쌈장 2큰술, 참기름 1작은술, 다진 마늘 ½작은술

이렇게 만드세요

1 밥에 양념을 넣어 골고루 버무린다.
2 쌈 다시마는 소금기를 충분히 씻어낸 후 물에 담가 두었다가 물기를 빼고
  적당한 크기로 썬다.
3 깻잎은 물에 씻어 물기를 빼고, 양배추는 굵은 심을 잘라낸 후 김 오른 찜통에
  넣어 5분 정도 데친 후 식힌다.
4 풋고추는 꼭지를 떼고 송송 썰어 속 씨를 제거한 후 고추 양념에 고루 버무린다.
5 준비한 각각의 쌈에 ①을 한 숟가락씩 얹은 후 양념한 풋고추를 여분의 쌈장과
  함께 올려 동그랗게 감싸서 한입 크기 쌈밥을 만든다.

연근조림

재료 연근 250g, 물 ¼컵
양념_ 간장 3½큰술, 설탕 3큰술, 청주 · 참기름 1큰술씩, 물 2큰술

이렇게 만드세요

1 연근은 껍질을 벗겨 깨끗이 씻은 후 길게 2등분해 1cm 두께로 썰고 물에 다시 한 번
  씻는다.
2 달군 팬에 양념 재료들을 모두 넣고 한소끔 끓인 후 준비한 연근을 넣어 약한 불에서
  조린다.
3 ②의 국물이 졸아들기 시작하면 분량의 물을 부어 조리다가 연근이 익으면
  마지막에 불을 세게 하여 뒤적여 주면서 윤기 나게 조린다.

김치두부두루치기

재료 배추김치 ¼포기, 두부 200g, 돼지고기 150g, 굵은 파 ½대, 소금 · 후춧가루 · 식용유 약간씩, 물 ½컵
양념_ 고추장 · 고춧가루 · 간장 · 다진 마늘 · 청주 1큰술씩, 설탕 1작은술, 참기름 · 깨소금 · 후춧가루 약간씩

이렇게 만드세요

1 배추김치는 속을 털어 한입 크기로 썰고, 두부도 먹기 좋게 한입 크기로 썬다.
2 돼지고기는 한입 크기로 썰고, 굵은 파는 어슷하게 썬다.
3 양념 재료를 한데 담아 섞고 준비한 돼지고기를 넣어 조물조물 무친다.
4 달군 팬에 기름을 두르고 양념한 고기를 볶다가 알맞게 익으면 물을 부어 끓이면서
  준비한 김치와 두부, 굵은 파를 넣어 좀 더 익힌다. 마지막에 소금과 후춧가루로
  간을 맞춘다.

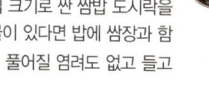

memo ···· 쌈밥은 언제 먹어도 물리지 않는 인기 메뉴. 직접 싸먹어도 맛있는데 정성껏 한입 크기로 싼 쌈밥 도시락을
보면 정말 기분이 좋아질 듯. 쌈밥은 여러 가지로 맛내기를 할 수 있는데, 집에 남아 있는 나물이 있다면 밥에 쌈장과 함
께 넣고 비벼서 싸도 맛있고, 매콤하게 비빔밥을 만들어 싸도 별미다. 한 개씩 랩으로 감싸면 풀어질 염려도 없고 들고
먹을 수 있어 간편하다.

못난이김밥 도시락

못난이김밥 + 팽이버섯깻잎전 + 오징어채소볶음 + 오이볶음

못난이김밥

재료 맛김 3장, 밥 3공기, 후리가케(시판용) 2큰술,
참기름·깨소금 1큰술씩

이렇게 만드세요

1 맛김은 비닐 팩에 넣어 곱게 부순다.

2 볼에 밥과 부순 김, 후리가케, 참기름과 깨소금을
넣어 골고루 섞은 후 한입 크기로 동그랗게 주먹밥을
만든다.

팽이버섯깻잎전

재료 팽이버섯 120g, 깻잎 5장, 붉은 고추 1개, 부침가루 ¾컵,
달걀 1개, 물 4큰술, 식용유 약간

이렇게 만드세요

1 팽이버섯은 밑동을 자르고 3, 4등분한다. 깻잎은
작게 썰고, 붉은 고추는 꼭지를 떼고 동그랗게
송송 썰어 속 씨를 제거한다.

2 준비한 재료를 볼에 담고 부침가루를 넣어 섞은 후
달걀과 물을 넣고 고루 버무린다.

3 달군 팬에 식용유를 두르고, ②를 한 숟가락씩
떠 얹어 약한 불에서 앞뒤로 노릇하게 지진다.

memo ⋯ 오징어채소볶음은 물기 없이 볶아야 제맛이 나고, 도시락 반찬
으로 싸기도 좋다. 오징어는 금방 익기 때문에 오래 볶을 필요가 없는 재료.
오징어를 익히면서 양념 재료들을 하나씩 넣다 보면 금세 국물이 흥건해지
므로 미리 재료들을 섞어 양념장을 만들어 두었다가 한꺼번에 넣고 센 불에
서 재빨리 볶는다. 오이볶음도 마찬가지로 물기 없이 볶는 게 중요한데, 오
이를 소금에 절였다가 물기를 꼭 짠 다음 재빨리 볶는다.

오징어채소볶음

재료 오징어 1마리, 양파 ½개, 굵은 파 ⅓대, 새송이버섯 1개,
식용유 약간
양념_ 청주 2큰술, 간장 1½큰술, 고추장 · 설탕 · 다진 마늘 1큰술씩,
고춧가루 ½큰술, 통깨 2작은술, 후춧가루 · 참기름 약간씩

이렇게 만드세요

1 오징어는 내장을 제거하고 껍질을 벗긴 후 안쪽에
  칼집을 넣어 한입 크기로 길쭉하게 썬다.

2 양파는 굵게 채 썰고, 굵은 파는 어슷하게 썬다.

3 새송이버섯은 밑동을 자르고 4등분해 다시 납작하게
  썬다.

4 양념 재료들은 한데 담아 골고루 섞는다.

5 달군 팬에 기름을 두르고 채 썬 양파를 넣어 볶다가
  준비한 오징어를 볶은 후 양념장과 굵은 파,
  새송이버섯을 넣어 골고루 섞으면서 센 불에서
  재빨리 볶는다.

오이볶음

재료 오이 1개, 풋고추 · 붉은 고추 ½개씩, 새우젓 1작은술,
다진 마늘 · 깨소금 1작은술씩, 참기름 1큰술, 소금 약간

이렇게 만드세요

1 오이는 동그랗게 썰어 소금에 살짝 절였다가 물에
  헹궈 물기를 짠다.

2 풋고추와 붉은 고추는 반으로 갈라 속 씨를 뺀 후
  잘게 다지듯이 썬다.

3 새우젓은 잘게 다진다.

4 달군 팬에 참기름을 두르고 ①을 달달 볶다가 ②와
  다진 마늘을 넣어 함께 볶는다.

5 다진 새우젓과 소금으로 간을 맞추고 깨소금을
  뿌려 골고루 섞는다.

두부버섯채소비빔밥 도시락

두부버섯채소비빔밥 + 감자어묵새콤무침 + 피망파프리카무침

두부버섯채소비빔밥

재료 말린 표고버섯 3개, 당근 ⅓개, 우엉 ½대, 갈은 쇠고기 150g, 두부 130g, 달걀 1개, 밥 2공기, 통깨 1큰술,
소금 · 참기름 약간씩
달걀 양념_ 설탕 1작은술, 소금 ⅓작은술
조림장_ 간장 2½큰술, 맛술 · 청주 1큰술씩, 설탕 ⅓큰술, 버섯 불린 물 ½컵

이렇게 만드세요

1 말린 표고버섯은 물에 담가 2시간 이상 불린 후 물기를 짜고 밑동을 잘라 채 썬다.
당근과 우엉은 가늘게 채 썬다.

2 달군 팬에 참기름을 두르고 쇠고기를 볶다가 채 썬 버섯과 당근, 우엉을 섞어
좀 더 볶은 후 조림장 재료를 모두 넣어 약한 불에서 조린다.

3 두부는 키친 페이퍼로 감싸 전자레인지에서 2분 정도 가열해서 물기를 없애고,
달걀은 곱게 풀어 달걀 양념으로 간해 둔다.

4 달군 팬에 참기름을 두르고 두부를 으깨면서 넣고 젓가락 여러 개를 한꺼번에 잡고
원을 그리며 볶는데 중간에 소금으로 간하면서 물기가 없어질 때까지 볶는다.

5 ④에 달걀 푼 것을 넣고 젓가락 여러 개로 저으면서 물기가 완전히 없어질 때까지
볶는다.

6 도시락에 밥과 고기채소조림을 교대로 층층이 담고 마지막에 두부 달걀 볶은 것을
위에 얹은 후 통깨를 뿌린다.

감자어묵새콤무침

재료 알감자 6개, 어묵 2개, 쪽파 1뿌리, 통깨 약간
양념_ 간장 · 식초 1큰술씩, 설탕 · 참기름 ½큰술씩

이렇게 만드세요

1 알감자는 껍질을 벗겨 얇고 동글게 저며 썬 후 끓는 물에 아삭할 정도로 데쳐 찬물에
헹궈 체에 담아 물기를 뺀다.

2 어묵은 모양대로 저며 썬 후 끓는 물에 데친 후 찬물에 헹궈 물기를 빼고, 쪽파는
송송 썬다.

3 볼에 양념 재료를 모두 섞은 후 준비한 알감자와 어묵, 송송 썬 쪽파를 넣어 골고루
버무린다. 마지막에 통깨를 뿌린다.

피망파프리카무침

재료 피망 2개, 파프리카(빨강 · 노랑) ½개씩
양념_ 쌈장 1큰술, 참기름 2작은술, 된장 · 다진 마늘 1작은술씩

이렇게 만드세요

1 피망과 파프리카는 꼭지를 떼고 속 씨를 제거한 후 굵게 채 썬다.

2 양념 재료는 한데 담아 골고루 섞은 다음 피망과 파프리카를 넣어 고루 버무린다.

memo … 두부버섯채소비빔밥은 일본의 덮밥 스타일로, 별도의 양념장 없이 재료 자체의 양념으로 비벼 먹는 음식이
다. 그래서 재료들을 평소보다 좀 진하게 양념하는 것이 포인트. 조리고 남은 양념 국물은 버리지 말고 밥에 살짝 끼얹어
먹으면 더 맛있다. **투명 도시락 용기에 밥과 재료들을 교대로 층층이 담으면 예쁘고 더욱 먹음직스러워 보인다.**

삼치깨강정 도시락

삼치깨강정 + 명란달걀말이 + 뱅어포구이 + 흰밥

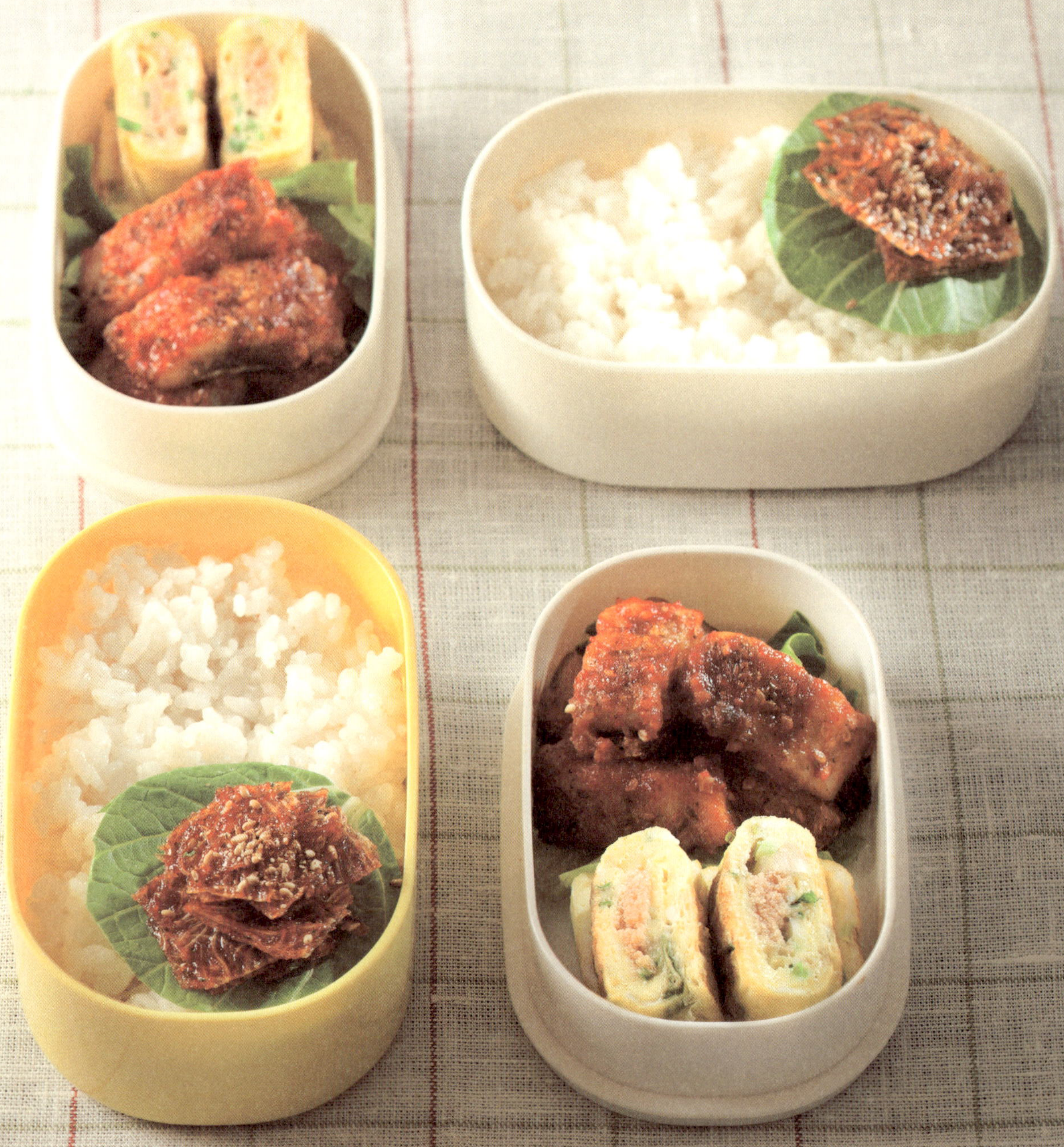

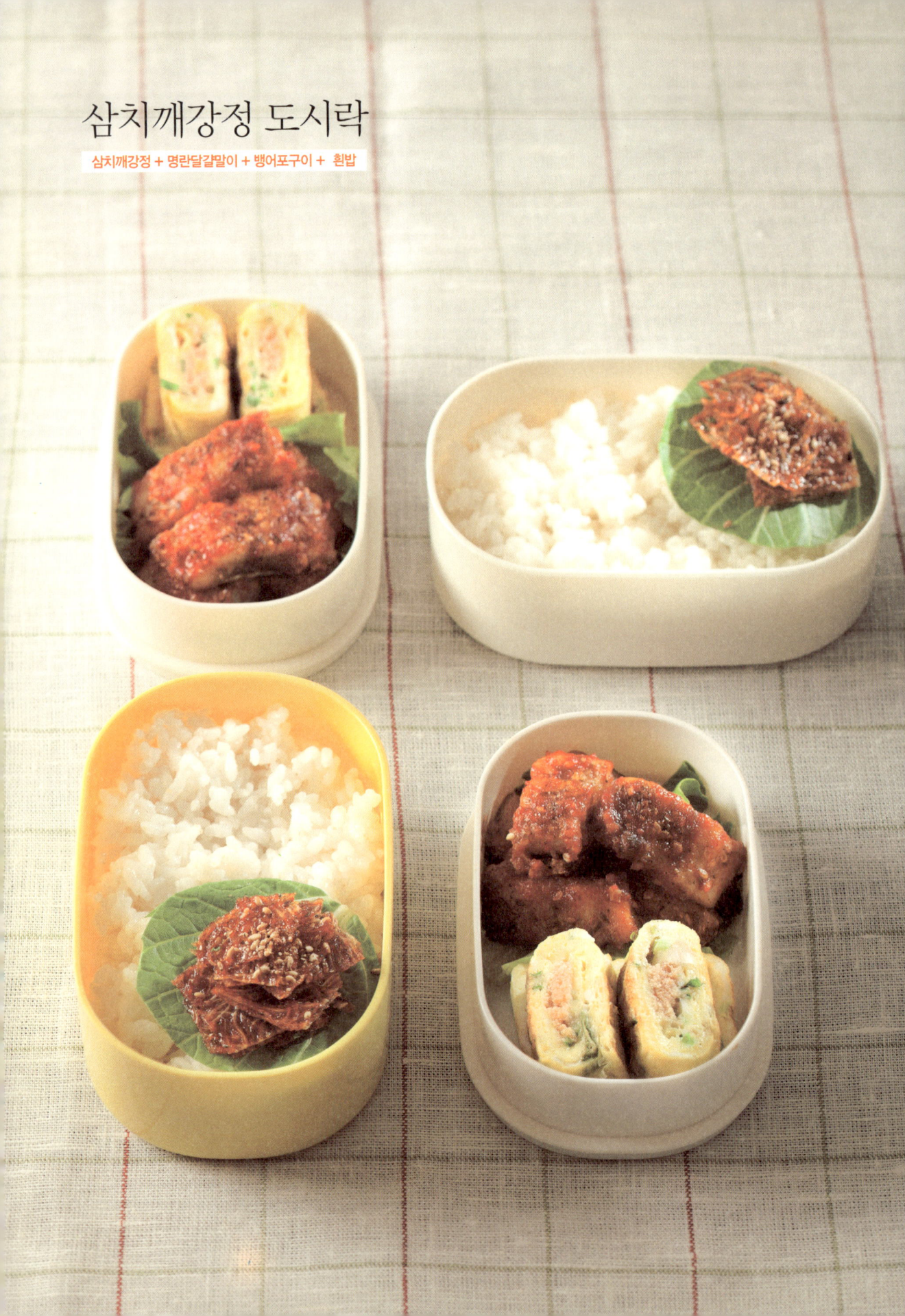

삼치깨강정

재료 삼치 1마리, 소금 · 후춧가루 · 청주 · 녹말가루 · 통깨 약간씩,
식용유 적당량
양념_ 토마토케첩 3큰술, 고춧가루 · 청주 · 물 1큰술씩, 간장 ½큰술,
물엿 2작은술, 다진 마늘 1작은술

이렇게 만드세요

1 삼치는 손질되어 있는 것으로 준비해 한입 크기로
   썬 후 소금과 후춧가루, 청주로 밑간을 한다.

2 ①의 물기를 닦은 후 전체적으로 통깨를 묻히고
   다시 녹말가루를 덧입혀 달군 팬에 기름을 넉넉히
   두르고 튀기듯이 바삭하게 굽는다.

3 양념 재료를 팬에 넣어 한소끔 끓인 후 구운
   삼치를 넣어 골고루 버무린다.

명란달걀말이

재료 달걀 2개, 쪽파 1뿌리, 명란젓 25g, 마요네즈 2작은술,
식용유 약간

이렇게 만드세요

1 달걀은 곱게 푼 후 쪽파를 송송 썰어 넣어 골고루
   섞는다.

2 명란젓은 속만 발라내 분량의 마요네즈로 버무린다.

3 달군 팬에 기름을 두르고 약한 불에서 ①의
   달걀물을 부어 익힌다.

4 ③의 한쪽 끝에 ②의 명란젓을 가지런히 길게
   올린 후 돌돌 말아 약한 불에서 앞뒤로 익힌다.
   식힌 후 적당한 크기로 썬다.

뱅어포구이

재료 뱅어포 3장, 통깨 · 식용유 약간씩
양념_ 고추장 3큰술, 설탕 1큰술, 간장 · 다진 마늘 ½큰술씩,
물엿 · 참기름 1작은술씩

이렇게 만드세요

1 뱅어포는 양손으로 비벼 잡티를 턴다.

2 양념 재료는 한데 담아 골고루 섞는다.

3 손질한 뱅어포에 양념장을 골고루 발라 달군 팬에
   기름을 두르고 앞뒤로 굽는다. 통깨를 전체적으로
   뿌린 후 먹기 좋게 썬다.

memo··· 명란달걀말이는 너무
오래 익히면 속의 명란이 단단해져
맛이 떨어진다. 명란젓은 익히지 않
고도 먹을 수 있는 음식이므로 달걀
이 어느 정도 익었을 때 불에서 내
리는 것이 좋다. 색깔이 비슷한 삼치
깨강정과 뱅어포구이는 나란히 담
지 않는 게 보기에 좋다. 둘 사이에
달걀말이를 담거나 뱅어포구이를
밥 위에 푸른 채소를 깔고 얹으면
더욱 먹음직스러워 보인다.

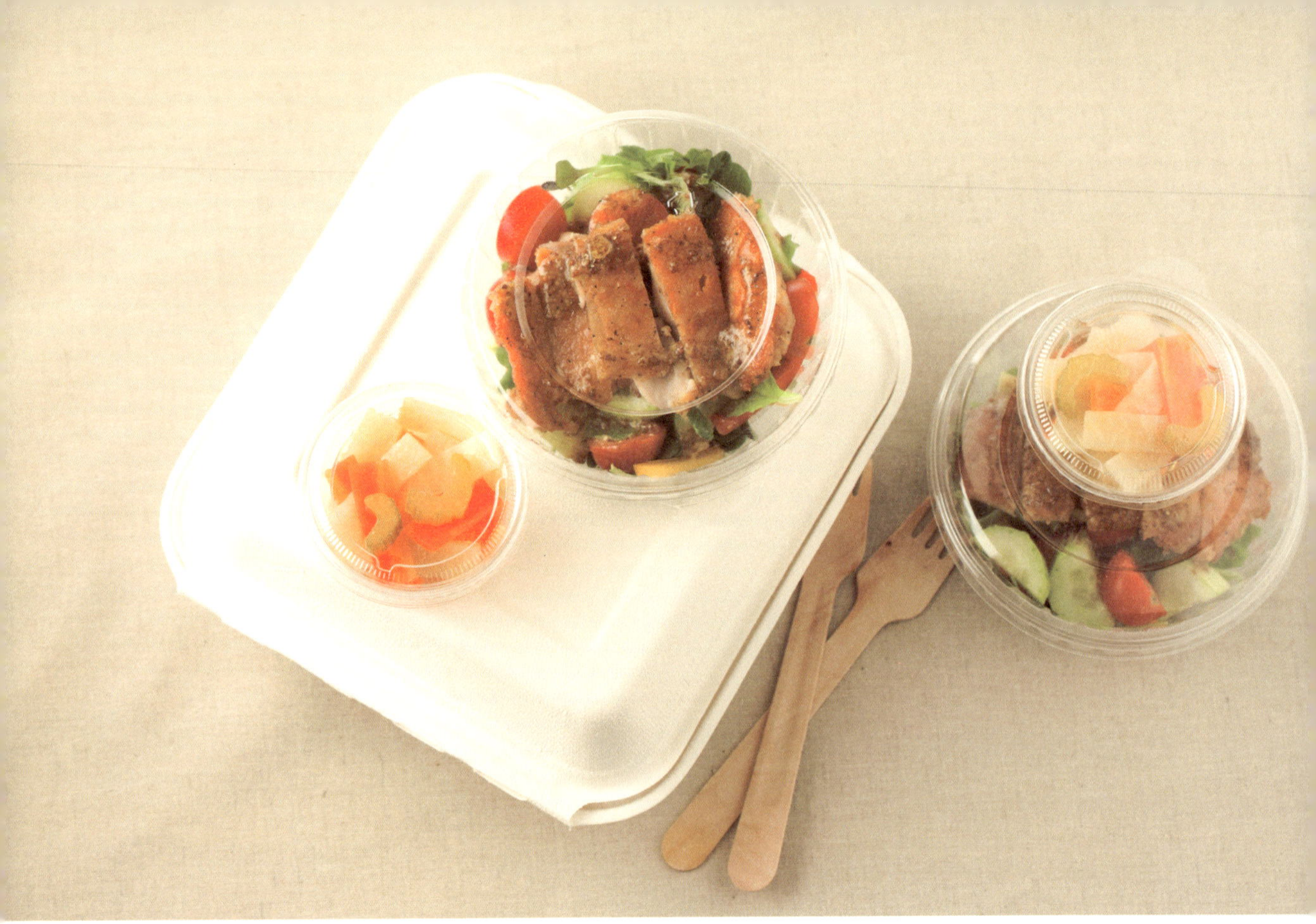

모듬샌드위치 도시락

모듬샌드위치 + 바삭치킨구이샐러드 + 볶음피클

memo··· 피크닉, 하면 떠오르는 게 바로 샌드위치. 밖으로 멀리 나가지 않더라도 샌드위치를 넉넉히 만들어 도시락에 담고 가족 모두 옹기종기 둘러 앉아 나눠 먹으면 집에서도 근사한 피크닉 기분을 즐길 수 있다. 여기에 치킨 요리까지 더해진다면 더할 나위 없을 듯. 무거운 것으로 눌러 기름기를 빼면서 구운 치킨구이는 바삭하고 느끼하지 않다. 채소와 함께 식빵 위에 얹어 먹어도 별미. 밖에 나갈 때는 구운 치킨을 식힌 다음 채소 위에 얹거나 채소와 치킨을 따로 담고, 소스도 별도의 용기에 담아 갖고 간다. 피클은 아삭하게 씹혀야 제맛이 난다. 뜨거운 양념에 담가 두면 너무 익어 물컹거릴 수 있으므로 약간 단단하게 씹힐 정도로만 볶는다.

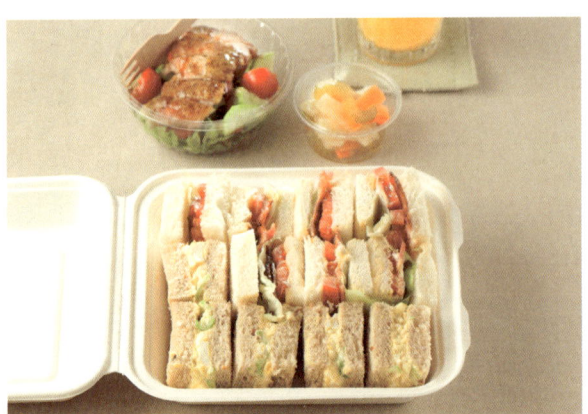

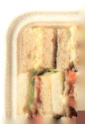

모듬샌드위치

재료 달걀오이_ 달걀 3개, 오이 ½개, 마요네즈 3큰술, 허니 머스터드 1작은술, 소금 · 후춧가루 · 버터 약간씩, 곡물 식빵 4장
베이컨채소_ 베이컨 4장, 양상추 2장, 토마토 1개, 마요네즈 · 허니 머스터드 · 버터 약간씩, 식빵 4장

이렇게 만드세요

1 달걀은 완숙으로 12분 정도 삶아 껍질을 벗긴 후 곱게 으깨고, 오이는 모양대로 얇게 썰어 소금에 살짝 절였다가 물에 헹궈 물기를 꼭 짠다.

2 ①의 재료들을 한데 담고 마요네즈와 허니 머스터드를 분량대로 섞은 후 소금과 후춧가루로 간을 맞춘다.

3 곡물 식빵 한쪽 면에 버터를 바르고 ②를 넉넉히 얹어 포갠 후 테두리를 자르고 4등분한다.

4 베이컨은 반으로 잘라 달군 팬에 올려 바삭하게 굽고, 양상추는 깨끗이 씻어 물기를 닦은 후 식빵 사이즈로 접는다. 토마토는 적당한 두께로 동글게 썰어 속 씨를 뺀다.

5 식빵 한쪽 면에 버터를 바르고 양상추를 얹은 후 마요네즈와 허니 머스터드를 적당히 바르고 구운 베이컨과 토마토를 얹어 포갠다. 테두리를 자르고 4등분한다.

바삭치킨구이샐러드

재료 닭다리(살코기) 300g, 방울토마토 6개, 파프리카(빨강 · 노랑) · 오이 ½개씩, 어린잎 채소 40g, 소금 · 후춧가루 · 올리브유 약간씩
소스_ 올리브유 2½큰술, 씨겨자 1큰술, 레몬즙 2작은술, 꿀 1작은술

이렇게 만드세요

1 닭다리는 껍질 부위에 칼집을 낸 후 소금과 후춧가루로 심심하게 간한다.

2 방울토마토는 반으로 자르고, 파프리카는 속 씨를 제거하고 길쭉하게 채 썬다. 오이는 반으로 길게 잘라 반달 모양으로 썰고 어린잎 채소는 물에 씻어 물기를 뺀다.

3 달군 팬에 올리브유를 두르고 준비한 닭고기를 껍질 부분이 밑으로 가게 해서 굽는데, 닭고기 위에 접시를 올리고 물이 가득 든 주전자 등 무거운 것을 올려 여분의 기름을 키친 페이퍼로 닦는다. 갈색빛이 돌면 반대쪽도 구워 한입 크기로 썬다.

4 소스 재료는 한데 담아 골고루 섞는다.

5 준비한 채소를 도시락 용기에 담고 소스를 반만 뿌린 후 구운 닭고기를 위에 얹고 남은 소스를 뿌린다.

볶음피클

재료 무 100g, 당근 80g, 셀러리 1대, 올리브유 약간
양념_ 식초 4큰술, 물 2큰술, 설탕 1½큰술, 간장 1작은술, 소금 ½작은술

이렇게 만드세요

1 무는 껍질을 벗긴 후 길쭉하게 납작 썰고, 당근도 비슷한 크기로 썬다. 셀러리는 질긴 섬유질 부분을 제거한 후 모양대로 도톰하게 썬다.

2 달군 팬에 올리브유를 두르고 준비한 재료들을 전부 넣어 아삭할 정도로 볶은 후 피클 양념을 전부 넣어 한소끔 끓인 후 차게 식혀 도시락 용기에 담는다.

쇠고기스튜파스타 도시락

쇠고기스튜파스타 + 코울슬로샐러드 + 각종 빵

쇠고기스튜파스타

재료 쇠고기(스튜용) 400g, 감자 2개, 양파 · 당근 1개씩, 치킨 스톡 1개,
홀토마토 통조림 ½통, 데미그라스소스 · 적포도주 1컵씩, 파스타 면
100g, 물 4컵, 밀가루 · 올리브유 · 버터 · 소금 · 후춧가루 약간씩
향신용 채소_ 양파 ½개, 마늘 2쪽, 셀러리 ½대

이렇게 만드세요

1 쇠고기는 큼직하게 한입 크기로 썰어 소금과
   후춧가루로 간을 한 다음 밀가루를 골고루 묻힌다.

2 감자와 양파, 당근은 쇠고기와 비슷한 크기로 썬다.

3 향신용 채소인 양파와 마늘은 잘게 다지듯 썰고,
   셀러리는 질긴 섬유질을 제거한 후 작게 썬다.

4 바닥이 두꺼운 냄비에 올리브유와 버터를 두르고
   밀가루 묻힌 고기를 올려 앞뒤로 갈색빛이 돌 때까지
   구운 후 따로 담아둔다.

5 ④의 냄비에 준비한 향신용 채소를 전부 볶다가
   구운 고기를 넣고 치킨 스톡, 홀토마토 통조림,
   데미그라스소스, 적포도주와 물을 넣어 한소끔
   끓인 후 불을 줄여 1시간 이상 푹 끓인다.

6 끓는 물에 소금을 조금 넣고 파스타 면을 반으로
   잘라 봉지에 표기되어 있는 시간만큼 삶는다.
   면이 익으면 건져서 올리브유 1큰술을 넣고 버무린다.

7 ⑤에 준비한 감자와 양파, 당근을 넣고 채소가
   부드럽게 익을 때까지 좀 더 끓인 후 소금과
   후춧가루로 간을 맞춘다.

8 보온 용기에 삶은 파스타 면을 담고 그 위에
   스튜를 얹는다.

코울슬로샐러드

재료 양배추 6장, 당근 · 양파 ¼개씩, 소금 1작은술
소스_ 올리브유 2큰술, 식초 1½큰술, 설탕 1작은술, 소금 · 후춧가루
약간씩

이렇게 만드세요

1 양배추와 당근은 가늘게 채 썰어 한데 담고 소금을
   뿌려 고루 섞은 후 10분 정도 절인다.

2 양파는 곱게 채 썬다.

3 ①이 어느 정도 절여지면 물기를 짜고 양파 채를
   섞어 소스 재료로 골고루 버무린다.

memo··· 스튜는 넉넉히 만들
어 두었다가 도시락 메뉴로 활용
하면 별미다. 파스타를 함께 넣고
빵을 곁들이면 한 끼 식사로 충
분하다. 보온 용기에 파스타 면을
먼저 담고 그 위에 스튜를 담으면
국물이 흐를 염려가 없다. 파스타
면을 삶을 때는 파스타를 반으로
잘라 넣으면 먹을 때 쉽게 풀어지
고 올리브유로 버무려서 담으면
그릇에 들러붙지 않는다.

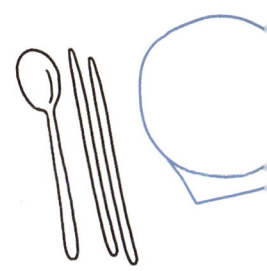

Part 4

차 안에서도, 학원에서도, 아무 데서나…
짬짬이 먹기 좋은 한 컵 도시락

이동하는 차 안에서, 짧은 시간 간단하게… 도시락의 활약이 기대되는 순간이다. 간단하게 영양까지 생각하여 준비하는 한 컵 도시락은 학원 가는 아이들은 물론 아침을 거르는 남편, 특별한 날 새벽 외출 시에도 매우 유용하다.

맞벌이 부부였던 우리는 언제나 함께 출근했습니다.

그 아침은… 늘 배가 고팠어요.

차 안에 상비되어 있는 사탕이나 껌을 씹으면서

쓰디쓴 입안을 달래곤 했지만, 어쩌다 여유가 있는 날이면

잼 발라 들고 나온 식빵 조각을 나눠 먹거나

비닐봉투에 방울토마토 같은 것 담아 들고 나와서 허기를 면했습니다.

당신 한 입, 나 한 입.

운전하는 남편 입에 식빵을 떼어 주면서 도란도란했던 기억.

아이가 자라면서는 학원 가는 그 시간이 또 마음에 걸렸습니다.

점심이야 학교 급식으로 어찌 해결한다고 해도

저녁이야 집으로 돌아와 야식인 듯 먹으면 된다고 해도

짬짬이 허기를 면할 수는 없을 테니까요.

그러니 매일 학원 앞 분식집에 매달려서

"아줌마 떡라면이요. 빨리요!"

"햄버거 하나 주세요!" 이럴 수밖에 없을 테지요.

무슨 역사적인 사명을 완수하겠다고,

뭐 대단한 부귀영화를 누리겠다고, 밥 한 끼 제대로 챙겨 먹지도 못하고

이토록 바쁘게 살아야 하는지.

생각하면 참 씁쓸했습니다.

끼니 놓치기를 밥 먹듯 해야 하는…
산다는 건 왜 이렇게 정신없을까요?

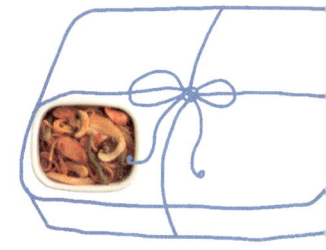

기억해요. 제가 어릴 때만 해도 아침밥은 늘 온 가족이 둘러앉아 먹었습니다.
칙칙칙, 압력밥솥 꼭지 돌아가는 소리와 함께 밥 냄새가 퍼지고
국인지 찌개인지 팔팔 끓는 그 냄새를 개코인 양 맡았지요.
뭐지? 오늘 반찬은 뭐지? 이러면서요.
그런데 요즘은 그런 아침 풍경을 만나는 일이 쉽지 않습니다.
저마다 따로 앉아 후루룩 해치우거나, 끼니도 거른 채
집 나서기 십상인 시절이에요.
그래서 회사 앞 식당마다 '아침 식사 개시'라는 당당한 문구가
붙어 있는 거지요. 집 나와 아침 식사를 하는 사람들을 위해서.
학교에서 학원으로, 대통령보다 더 바쁘게 살기는
우리 아이들도 매한가지입니다.
주린 배를 움켜쥐는 대신 컵라면이나
햄버거를 먹고 책상 앞에 앉지요. 가엾게도 말입니다.
그런 식구들을 위해 준비하는 초간단 도시락도 있습니다.
여기에서의 초간단이란 만드는 방법이 아니라, 먹는 방법입니다.
어디서나 쉽게 펴놓고 먹을 수 있는 그런 도시락인 셈입니다.
정찬으로 폼 나게 먹는 건 아니어도 마치 한 컵 물을 마시듯,
그렇게 후다닥 먹어치울 수 있는 그런 도시락 말입니다.
혹 도시락 싸다가 인생 다 가겠다고 화를 내는 독자들도 계실까요?
하지만 그렇게 복잡하지 않아요.
마음만 먹으면 얼마든지 손쉽게 준비할 수 있는 메뉴들입니다.
이 한 그릇이면 끼니 놓치는 일 없이,
꼬르륵 소리에 서글퍼질 일도 없이,
우리 식구들이 하루 종일 행복해할 테니까… 그 마음으로 준비해 보면 어떨까요?

비빔밥 도시락

비빔밥 + 단호박샐러드

비빔밥

재료 갈은 쇠고기 100g, 콩나물 · 시금치 150g씩, 당근 ⅓개, 밥 2공기, 메추리알 2개,
소금 · 후춧가루 · 식용유 약간씩
나물 양념_ 각각 참기름 · 깨소금 2작은술씩, 다진 파 1작은술, 소금 ½작은술
고기 양념_ 고추장 1½큰술, 맛술 2작은술, 간장 1작은술, 다진 마늘 ½작은술,
참기름 · 깨소금 약간씩

이렇게 만드세요

1 갈은 고기는 고기 양념에 조물조물 무친다.

2 콩나물은 다듬어 씻은 후 약간의 소금과 물을 넣고 아삭하게
7분 정도 데쳐 식힌 다음 짧게 썬다.

3 시금치는 끓는 물에 소금을 조금 넣고 10초 정도 데친 후 건져서
물에 헹궈 물기를 꼭 짜고 짧게 썬다.

4 당근은 짧고 가늘게 채 썬 후 달군 팬에 기름을 두르고 소금과
후춧가루로 간하면서 볶아 따로 담아둔다.

5 데친 콩나물과 시금치는 각각 분량의 참기름, 깨소금, 다진 파,
소금을 넣고 조물조물 무친다.

6 ④의 팬을 키친 페이퍼로 닦은 후 ①을 넣어 달달 볶는다.

7 도시락에 밥을 담고 볶은 고기와 3가지 나물을 보기 좋게
얹은 후 메추리알을 프라이해 올린다.

단호박샐러드

재료 단호박 300g
소스_ 마요네즈 3큰술, 카레가루 1작은술,
꿀 ½작은술, 소금 · 후춧가루 약간씩

이렇게 만드세요

1 단호박은 속 씨를 긁어내고 군데군데
껍질을 벗겨낸 후 한입 크기로 썬다.

2 ①을 랩으로 감싸 전자레인지에서
6~7분 정도 가열한 후 식힌다.

3 볼에 소스 재료를 담아 잘 섞은 후
②의 단호박을 넣고 골고루 버무린다.

memo··· 도시락 비빔밥의 양념장은 따로 만들지
말고, 볶음고추장을 만들 듯 고기를 진하게 양념해 볶
아 넣는다. 간편할 뿐 아니라 비빌 때 자잘한 고기 덩
어리가 있어 한결 잘 비벼진다. 나물들은 평소보다 짧
게 잘라 조리해 엉키지 않고 비벼지도록 한다. 비빔밥
위에 달걀이나 메추리알을 프라이해 얹으면 맛도 좋
고 보기에도 예쁘다.

김치볶음덮밥 도시락

김치볶음덮밥 + 감자올리브볶음

김치볶음덮밥

재료 돼지고기(불고기용) 150g, 배추김치(잘 익은 것) 4장, 마늘 1쪽,
굵은 파 ⅓대, 깻잎 2장, 참기름 · 깨소금 · 청주 1큰술씩, 간장 1작은술,
후춧가루 약간, 밥 3공기

이렇게 만드세요

1 돼지고기는 한입 크기로 썰고, 배추김치는 속을
 털어내고 큼직하게 썬다.

2 마늘과 굵은 파는 잘게 다지듯이 썬다. 깻잎은 물에
 씻어 물기를 닦는다.

3 달군 팬에 참기름을 두르고 다진 마늘과 파를 볶다가
 향이 나면 준비한 돼지고기를 센 불에서 볶으면서
 청주와 간장으로 간을 한다.

4 ③에 김치를 넣고 좀 더 볶은 후 센 불에서 국물이
 없어질 때까지 볶다가 마지막에 후춧가루와 깨소금,
 참기름을 넣어 고루 섞는다.

5 밥 위에 깻잎을 얹고 ④의 김치볶음을 올린다.

감자올리브볶음

재료 감자 2개, 올리브 8개, 물 ½컵, 버터 1큰술, 소금 · 후춧가루 ·
식용유 약간씩

이렇게 만드세요

1 감자는 껍질을 벗겨 한입 크기로 썬 후 물에
 담가 두었다가 물기를 뺀다.

2 달군 팬에 기름을 두르고 ①의 감자를 볶다가
 올리브와 소금을 조금 넣어 섞은 후 분량의 물을
 붓고 뚜껑을 덮어 익힌다.

3 ②의 감자가 완전히 익으면 불을 세게 해서 물기를
 날린 후 후춧가루와 버터를 넣어 고루 섞는다.

memo··· 김치볶음은 밥 위에 그
냥 얹으면 모양이 흐트러지고, 밥과
뒤섞일 수 있으므로 국물 없이 바싹
볶은 다음 밥 위에 깻잎을 얹고 그
위에 가지런히 담는다. 또 맛김은 잘
게 부순 후 밥을 충분히 식힌 다음
뿌리거나 봉지에 따로 담아 먹기 직
전에 뿌려 먹는다.

해물영양밥 도시락

해물영양밥 + 참나물무침 + 양념장

별도의 양념장 용기가 없을 경우, 작은 종지에 랩을 넉넉히 얹은 후
양념장을 넣고 윗부분을 오므려서 고무줄 등으로 묶는다.
먹을 때 이쑤시개로 한쪽 끝에 구멍을 내 덜어 비벼 먹으면 편리하다.

해물영양밥

재료 쌀 2컵, 새우 6마리, 전복 1개, 홍합살 100g, 쪽파 2뿌리, 간장 · 청주 · 맛술 · 참기름 1큰술씩, 통깨 약간, 다시마(5×5㎝) 1장, 홍합 데친 물 1¾컵
양념장_ 달래 약간, 간장 2큰술, 다진 마늘 ½작은술, 고춧가루 · 참기름 · 깨소금 1작은술씩

이렇게 만드세요

1 쌀은 씻어서 30분 정도 불려 놓는다.

2 새우는 이쑤시개로 등 쪽에서 내장을 제거한 후 머리를 떼고 꼬리만 남긴 채 껍질을 벗겨 등 쪽에 길게 칼집을 넣는다.

3 전복은 내장을 제거해 저며 썰고, 홍합살은 소금물에 흔들어 씻은 후 끓는 물에 살짝 데쳐 국물을 따로 담아 둔다.

4 쪽파는 송송 썬다.

5 밥솥에 불린 쌀과 손질한 새우, 전복, 다시마를 가지런히 담고 홍합 데친 물을 분량대로 부은 후 간장과 청주, 맛술을 넣어 밥을 안친다.

6 달래는 손질해 뿌리 부분을 칼등으로 눌러 잘게 썬 후 양념장 재료들을 넣어 골고루 섞는다.

7 ⑤의 밥이 완성되면 다시마는 건져내고, 데친 홍합과 참기름, 통깨, 송송 썬 쪽파를 넣어 골고루 섞는다. 양념장은 재료를 한데 섞어 따로 담아 곁들인다.

- -

참나물무침

재료 데친 참나물 120g
양념_ 참기름 · 깨소금 2작은술씩, 국간장 · 액젓 · 다진 마늘 1작은술씩, 설탕 ½작은술, 소금 약간

이렇게 만드세요

1 데친 참나물은 물에 한 번 씻어 물기를 꼭 짠다.

2 양념 재료들을 볼에 담아 골고루 섞은 후 ①의 참나물을 넣어 조물조물 무친다.

memo··· 홍합살은 오래 끓이면 모양이 쪼그라들고 질겨지므로 끓는 물에 살짝 데쳐 따로 담아 두고 그 물로 밥을 짓는다. 해물로 밥을 지을 때는 간장과 청주, 맛술로 기본 간을 해서 비린내를 없애고, 해물의 구수한 향이 전체적으로 배도록 한다. 도시락에 담을 때는 밥 위에 세 가지 해물을 보기 좋게 얹은 후 쪽파를 뿌리면 한결 먹음직스러워 보인다.

돈가스덮밥 도시락

돈가스덮밥 + 아스파라거스깨무침

돈가스덮밥

재료 돼지고기(돈가스용) 180g, 양배추 2장, 양파 ½개, 달걀 2개,
밥 3공기, 소금 · 후춧가루 · 식용유 약간씩
튀김옷_ 달걀 1개, 빵가루 5큰술, 밀가루 2큰술
소스_ 물 ½컵, 간장 2큰술, 맛술 1큰술, 설탕 · 청주 1작은술씩,
다시마(5×5㎝) 1장

이렇게 만드세요

1 돼지고기는 전체적으로 칼집을 넣은 후 소금과
후춧가루로 밑간을 하여 밀가루, 달걀물, 빵가루
순으로 튀김옷을 입힌다.

2 팬에 기름을 넉넉히 두르고 ①의 고기를 올려
170℃에서 튀긴 후 건져 식혔다가 다시 한 번
고온에서 바삭하게 튀겨 길쭉하게 썬다.

3 양배추는 가늘게 채 썰고, 양파는 적당한 두께로
채 썬다. 달걀은 곱게 풀어 둔다.

4 달군 팬에 다시마와 분량의 물을 넣고 끓이다가 끓어
오르기 직전 다시마는 건져내고 나머지 소스 재료와
채 썬 양파를 넣어 투명하게 익을 때까지 끓인다.

5 ④에 튀긴 돈가스를 넣어 끓이면서 풀어놓은 달걀을
골고루 끼얹어 뚜껑을 덮고 반숙이 되도록 1~2분
정도 더 끓인다.

6 두 개의 도시락에 밥을 각각 담고 양배추 채를
얹은 후 ⑤를 나눠 담는다.

아스파라거스깨무침

재료 아스파라거스 4개, 통깨 2큰술, 간장 1큰술, 맛술 ½큰술,
설탕 1작은술, 소금 약간

이렇게 만드세요

1 아스파라거스는 밑 부분의 질긴 섬유질 부분을
제거한 후 4등분해 끓는 물에 소금을 넣고 아삭하게
데쳐 찬물에 헹궈 물기를 뺀다.

2 통깨를 분마기에 곱게 간 후 간장과 맛술, 설탕을
함께 넣어 골고루 섞은 후 데친 아스파라거스를
버무린다.

memo⋯ 돈가스덮밥을 만들 때 미리 다시마물을 내두었다가 사용
해야 하는데, 바쁜 아침에 조금 번거롭게 느껴지면 소스를 만들 때 물
에 다시마를 먼저 넣고 끓여 국물을 우려낸 후 나머지 재료들을 함께
넣고 끓이면 편하다. 다시마 테두리에 가위로 군데군데 칼집을 넣으면
국물이 더 잘 우러난다. 돈가스덮밥은 부드러운 달걀이 포인트. 너무 익
으면 단단해져서 고기까지 뻣뻣하게 느껴지므로 약간 덜 익었다 싶을
때 불에서 내려서 밥과 양배추 채에 국물까지 바로 붓는다. 그러면 생
으로 얹은 양배추 채가 먹기 좋게, 아삭하게 익는다. 충분히 식힌 후 도
시락 뚜껑을 덮는다.

두부파명란덮밥 도시락

두부파명란덮밥 + 콩나물쑥갓매콤무침

두부파명란덮밥

재료 두부 250g, 명란젓 60g, 굵은 파 ½대, 청주 · 참기름 1큰술씩,
간장 1작은술, 소금 · 후춧가루 · 녹말가루 · 통깨 약간씩,
밥 3공기

이렇게 만드세요

1 두부는 키친 페이퍼로 감싸 전자레인지에서 2분
  정도 가열해 물기를 제거한 후 한입 크기로 썰어
  표면에 녹말가루를 살짝 입힌다.

2 명란젓은 4~5등분하고, 굵은 파는 송송 썬다.

3 달군 팬에 참기름을 두르고 두부를 넣어 앞뒤로
  노릇노릇하게 구우면서 간장과 소금, 후춧가루로
  간을 한다.

4 ③에 송송 썬 파와 명란젓을 넣어 좀 더 볶으면서
  청주를 넣어 비린내를 없앤다.

5 도시락에 밥을 담고 ④를 밥 위에 가지런히 얹은 후
  전체적으로 통깨를 뿌린다.

콩나물쑥갓매콤무침

재료 콩나물 200g, 쑥갓 적당량, 물 1컵, 소금 약간
양념_ 간장 1½큰술, 식초 1큰술, 참기름 · 통깨 ½큰술씩,
고운 고춧가루 · 설탕 1작은술씩, 다진 마늘 ½작은술

이렇게 만드세요

1 콩나물은 통통한 것으로 골라 깨끗이 씻어 분량의
  물에 소금을 약간 넣고 뚜껑을 덮어 아삭하게
  데친 후 차게 식힌다.

2 쑥갓은 윗부분의 굵은 줄기를 잘라낸 후 적당한
  길이로 썬다.

3 양념 재료들을 볼에 담아 골고루 섞은 후 준비한
  콩나물과 쑥갓을 넣어 살살 무친 후 부족한 간은
  소금으로 맞춘다.

memo … 두부파명란덮밥은 짭
조름하게 간해 국물 없이 볶아 밥에
넣어 비벼 먹으면 고소하면서도 그
맛이 별미다. 만드는 법도 간단해 바
쁜 아침이나 반찬 없는 날 후다닥
만들기 좋다. 도시락에 밥을 담은 후
그 위에 넓게 펼쳐서 얹기만 하면
완성. 매콤 상큼해서 덮밥과 잘 어울
리는 콩나물쑥갓매콤무침은 국물이
생기기 쉬우므로 건더기만 건져 키
친 페이퍼에 올려놓은 후 별도의 용
기에 따로 담는다.

나폴리탄스파게티 도시락

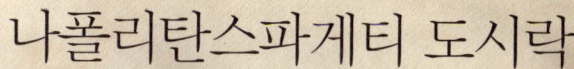

나폴리탄스파게티 + 아보카도올리브샐러드

나폴리탄스파게티

재료 스파게티 면(가는 면) 160g, 프랑크 소시지 2개, 양파 · 피망 ½개씩, 양송이버섯 4개,
토마토케첩 5큰술, 소금 · 후춧가루 · 올리브유 약간씩

이렇게 만드세요

1 끓는 물에 소금을 조금 넣고, 반으로 자른 스파게티 면을 봉지에 표기되어
   있는 시간대로 삶아 건져 올리브유에 살짝 버무린다.

2 소시지는 끓는 물에 살짝 데쳐 어슷하게 썰고, 양파는 약간 도톰하게 채
   썬다. 피망도 속 씨를 제거한 뒤 채 썰고, 양송이버섯은 밑동의 끝 부분을
   자르고 모양대로 저며 썬다.

3 달군 팬에 올리브유를 두르고 채 썬 양파를 볶다가 양파가 투명해지면
   소시지와 스파게티 면, 버섯을 볶은 후 마지막에 피망을 넣어 함께 볶는다.

4 ③에 토마토케첩을 넣어 섞은 후 소금과 후춧가루로 간을 맞춘다.

memo … 소시지를 기본 재료로 토마토케 첩으로 달콤하게 맛을 낸 스파게티는 추억의 메뉴 중 하나다. 하지만 일본에서는 이 메뉴 가 '나폴리탄'으로 불리며 지금도 여전히 인 기를 얻고 있다. 아이들 도시락에도 자주 이 용되는데, 다른 스파게티를 만들 때와 마찬 가지로 면은 먹기 쉽게 반으로 잘라 삶는다. 시간이 지나도 면이 붇지 않도록 올리브유에 한 번 버무린 후 다른 재료와 함께 볶는다.

아보카도올리브샐러드

재료 아보카도 1개, 올리브 6개, 레몬즙 약간
소스_ 올리브유 2큰술, 씨겨자 2작은술, 간장 1작은술

이렇게 만드세요

1 아보카도는 가운데 부분을 돌려가며 깊게 칼집을 넣어 비틀면서 반으로 잘라 속 씨를 제거한다. 껍질을 벗긴 후 주사위 모양으로 썰어 레몬즙을 골고루 뿌려 갈변을 막는다.

2 올리브는 반으로 썬다.

3 볼에 소스 재료를 전부 넣어 섞은 후 준비한 아보카도와 올리브를 넣은 뒤 고루 버무린다.

치킨라이스오믈렛 도시락

치킨라이스오믈렛 + 마늘종새콤무침

memo … 치킨라이스는 대부분 토마토케첩으로 맛을 내기 때문에 자칫 밥이 질어질 수 있다. 질펀하면 맛이 떨어질 수 있으므로 이때는 채소를 볶은 다음 한 쪽으로 밀어 두고 팬 가운데에 토마토케첩을 넣어 약한 불에서 살짝 끓인다. 그 러면 수분이 날아가면서 토마토케첩이 졸아드는데, 이 상태에서 채소와 밥을 넣어 볶으면 볶음밥이 질어지는 것을 막을 수 있다. 마늘종은 생으로 요리하면 매운맛이 강하게 느껴지므로 물에 충분히 우려낸 후 식초에 담가 새콤한 맛을 들인 후 양념한다.

치킨라이스오믈렛

재료 닭다리(살코기) 150g, 양파 ½개, 피망 1개, 달걀 2개, 밥 2공기,
토마토케첩 4큰술, 버터 · 소금 · 후춧가루 · 식용유 약간씩

이렇게 만드세요

1 닭다리는 껍질을 벗기고 여분의 기름을 제거한 후
   작게 깍둑썰기 한다.

2 양파는 작게 깍둑썰기 하고, 피망도 속 씨를
   제거한 후 양파와 비슷한 크기로 썬다.

3 달군 팬에 버터를 두르고 준비한 닭고기를 볶으면서
   소금과 후춧가루로 심심하게 간을 한다.

4 ③에 준비한 양파와 피망을 함께 넣어 볶다가
   재료들이 익으면 토마토케첩을 넣고 골고루 섞으면서
   좀 더 볶는다. 마지막에 밥을 덩어리지지 않게 풀면서
   섞는다. 부족한 간은 소금으로 맞춘다.

5 달걀을 곱게 풀어 달군 팬에 기름을 두르고 반
   분량씩 얇게 부치면서 한쪽 끝에 치킨라이스를 반
   분량씩 올려 달걀로 감싼다.

마늘종새콤무침

재료 마늘종 70g, 식초 3큰술
양념 _ 설탕 · 참기름 · 깨소금 1작은술씩, 고춧가루 ½작은술,
소금 ⅓작은술.

이렇게 만드세요

1 마늘종은 연한 것으로 준비해 양쪽 끝 부분을
   잘라내고 4~5cm 길이로 썰어 다시 가늘게 채 썬다.

2 ①의 마늘종을 찬물에 30분 정도 담가 두었다가
   건져 식초에 조물조물 무쳐서 새콤한 맛을 들인다.

3 ②의 마늘종에 간이 배면 식초를 따라내고 양념
   재료를 전부 넣어 조물조물 무친다.

치킨꽈리고추조림덮밥 도시락

치킨꽈리고추조림덮밥 + 도라지오이무침

치킨꽈리고추조림덮밥

재료 닭다리(살코기) 250g, 꽈리고추 6개, 표고버섯 2개,
굵은 파 ½대, 마늘 2쪽, 소금·후춧가루 약간씩, 밥 3공기
소스_ 간장 1½큰술, 맛술 1큰술, 설탕·청주 1작은술, 물 ½컵

이렇게 만드세요

1 닭다리는 껍질 쪽에 군데군데 칼집을 넣은 후 소금과
   후춧가루로 심심하게 간한다.

2 꽈리고추는 꼭지를 뗀 후 몇 군데 칼집을 넣고,
   표고버섯은 밑동을 자른 후 큰 것은 4등분한다.

3 굵은 파는 3cm 길이로 자르고, 마늘은 얇게 저며
   썬다.

4 달군 팬에 닭고기를 껍질 쪽을 밑으로 가게 하여
   구운 후 뒤집어서 노릇노릇하게 익을 때까지 굽는다.
   키친 페이퍼로 여분의 기름을 닦아내고 한쪽에서는
   꽈리고추를 살짝 구워 그릇에 따로 담아 둔다.

5 ④에 소스 재료와 저민 마늘을 넣고 뚜껑을 덮고
   끓이다가 고기가 완전히 익고 국물이 졸아들면
   준비한 표고버섯과 굵은 파를 넣고 좀 더 조린다.
   마지막에 구운 꽈리고추를 넣어 전체적으로 국물을
   끼얹어가며 조린다.

6 닭고기를 큼직하게 썬 후 밥 위에 얹고 다른 채소도
   보기 좋게 곁들인다.

도라지오이무침

재료 도라지 150g, 오이 ½개, 소금 약간
양념_ 고춧가루·식초 1큰술씩, 다진 파 ½큰술, 고추장·
설탕 2작은술씩, 다진 마늘·깨소금 1작은술씩, 소금 약간

이렇게 만드세요

1 도라지는 소금에 문질러 씻은 후 물에 헹궈 물기를
   빼둔다.

2 오이는 소금으로 문질러 씻은 후 반으로 길게 잘라
   다시 어슷하게 썰어 소금에 살짝 절였다가 헹궈
   물기를 짠다.

3 양념 재료를 볼에 담아 골고루 섞은 다음 준비한
   오이와 도라지를 넣고 조물조물 무친다.

memo··· 일본식 덮밥은 밥에 조림 국물이 배어야 맛있다. 마지막까지
맛있게 먹을 수 있도록 남은 국물을 밥 위에 살짝 끼얹는다. 도라지오이무
침은 상큼해서 덮밥과 잘 어울리는데, 서로 맛이 섞이지 않도록 별도의 용
기에 따로 담는다.

볶음우동 도시락

볶음우동 + 연근피클

볶음우동

재료 쇠고기(불고기용) · 청경채 150g씩, 굵은 파 ⅓대, 당근 ¼개, 우동 면 2봉지, 청주 1큰술,
참기름 1작은술, 소금 · 식용유 약간씩
소스_ 우스터소스 · 물 1큰술씩, 간장 2작은술, 토마토케첩 1작은술, 설탕 ½작은술, 후춧가루 약간

이렇게 만드세요

1 쇠고기는 한입 크기로 썰고, 청경채는 한 장씩 떼어 적당한 크기로 썬다.
  굵은 파는 어슷하게 썰고, 당근은 길이대로 반으로 잘라 어슷하게 썬다.

2 우동 면은 십자 모양으로 4등분해 손으로 적당히 풀어 놓고, 소스 재료는 한데 담아
  섞는다.

3 달군 팬에 기름을 두르고 쇠고기를 볶다가 색이 변하면 준비한 당근과 청경채의
  줄기 부분, 굵은 파를 함께 넣어 볶으면서 팬 한쪽에 준비한 우동 면을 올려 물을
  조금 뿌린 후 덩어리가 지지 않게 풀면서 볶는다.

4 ③의 우동 면이 부드럽게 익으면 청주를 전체적으로 섞은 후 소스와
  청경채 잎 부분을 넣고 골고루 섞으면서 좀 더 볶는다.
  부족한 간은 소금으로 맞추고, 불에서 내리기 직전 참기름을 넣어 버무린다.

연근피클

재료 연근 120g
양념_ 식초 ½컵, 물 ⅓컵, 설탕 3½큰술, 소금 1작은술

이렇게 만드세요

1 연근은 껍질을 벗기고 깨끗이 씻어 반으로 잘라 저며 썬 후 물에 다시 한 번 씻어
  건진다.

2 양념 재료를 냄비에 담아 한소끔 끓인 후 준비한 연근을 넣고 2분 정도 더 끓여서
  용기에 담아 식힌다.

memo··· 한 덩어리로 되어 있는 우동 면은 4등분한 후 볶아야 시간이 지나도 쉽게 덩어리지지 않는다. 따로 데칠 필요 없이 적당히 면을 푼 다음 물을 조금 끼얹어 볶는데, 면이 붙는 것을 막기 위해 마지막에 참기름을 넣어 골고루 버무린다. 연근 등 각종 채소 피클은 덮밥이나 면 요리 등 한 컵 도시락을 쌀 때 요긴하게 사용할 수 있다. 여유 있을 때 미리 만들어 두면 편리한데, 연근은 아삭하게 씹히는 식감이 중요하므로 좀 단단하다 싶을 정도로 익힌다.

김치콩나물밥 도시락

memo··· 김치콩나물밥은 만들기도 쉬운 데다 별다른 반찬이 필요 없어서 자주 활용하게 되는 메뉴 중 하나. 게다가 차게 먹어도 맛있어 도시락 메뉴로도 그만이다. 양념장은 따로 담아도 되고, 아예 밥에 넣고 비빈 다음 도시락을 싸도 무관하다. 얼갈이배추된장조림은 칼칼하면서도 구수한 맛이 나서 김치콩나물밥과 잘 어울리는데, 얼갈이를 부드럽게 씹힐 만큼 조려야 제맛이 난다.

김치콩나물밥

재료 쌀 2컵, 배추김치(잘 익은 것) 4장, 콩나물 240g, 멸치다시마국물 1¾컵, 참기름·깨소금 1큰술씩, 소금 약간
양념장_ 간장 2큰술, 참기름·깨소금 1큰술씩, 다진 파 2작은술, 고춧가루 1작은술

이렇게 만드세요

1 쌀은 씻어 체에 담아 30분 정도 불린다.

2 김치는 속을 대충 턴 후 작게 송송 썰고, 콩나물은 다듬어 씻는다.

3 냄비에 콩나물과 멸치다시마국물, 약간의 소금을 넣고 뚜껑을 덮어 끓인다.
  끓기 시작해서 7~8분 정도 지나 구수한 냄새가 나면 불을 끈다. 데친 콩나물은
  따로 담아 둔다.

4 밥솥에 불린 쌀을 담고 콩나물 삶은 물을 부은 후 송송 썬 김치를 위에 얹어
  밥을 짓는다.

5 양념장 재료는 한데 담아 골고루 섞는다.

6 밥이 완성되면 데친 콩나물과 참기름, 깨소금을 넣어 고루 비빈다. 양념장은 따로
  담는다.

얼갈이배추된장조림

재료 데친 얼갈이배추 250g, 풋고추 2개, 굵은 파 ¼대, 멸치 5개, 된장 1½큰술, 참기름 1큰술, 고춧가루·다진 마늘 1작은술씩, 식용유 약간, 물 ½컵

이렇게 만드세요

1 데친 얼갈이배추는 물에 한 번 씻어 물기를 살짝 짠 후 송송 썰어서 된장과 참기름,
  고춧가루, 다진 마늘에 조물조물 무친다.

2 풋고추는 반으로 잘라 속 씨를 제거한 후 어슷하게 썰고, 굵은 파도 어슷하게 썰어
  둔다. 멸치는 머리와 내장을 제거한다.

3 달군 팬에 기름을 두르고 양념한 얼갈이배추를 달달 볶다가 어느 정도 볶아지면
  물과 풋고추와 멸치를 넣고 조린다.

4 ③의 국물이 졸아들면 마지막에 어슷하게 썬 파를 넣어 골고루 섞으면서 좀 더 조린다.

Part 5

도시락 쌀 때 제일 만만한…
미니 김밥 · 롤 샌드위치 · 맛깔 밑반찬

김밥, 샌드위치 전문점 메뉴보다 가짓수 많은 엄마표 김밥과 샌드위치. 냉장고 속 굴러다니는 재료로,
지난 저녁 먹고 남은 반찬으로 만드는 입에 착착 감기는 후다닥 메뉴 김밥과 롤 샌드위치.
여기에 미리 만들어 아침에 담기만 하면 되는 맛깔 밑반찬 18가지.

있는 재료는 뭐든지 넣어 만들 수 있는
초간단 미니 김밥

"24시간 김밥집이 다섯 발자국마다 한 집씩 열려 있습니다.
요즘 사람들은 김밥만 먹고 사는 모양입니다.
거기 가면 1천원짜리 두 장만 내도 김밥 한 줄이 뚝딱입니다.
가짓수도 다양해서 별의별 김밥들이 판을 치는 천국입니다.
그래서 흉내 좀 내봅니다. 엄마 손으로 만들어서
김밥집 메뉴와는 확실히 다른 맛으로!
2천원으로야 만들 수 없겠지만
2만원을 주고도 살 수 없는 사랑과 영양이 가득!
도시락이 필요한 날이라면 언제든 만사 오케이입니다."

돈가스 + 오이피클

스팸 + 무말랭이무침

치즈 + 오이무침 + 게맛살

잔멸치볶음 + 김치무침

고기우엉볶음 + 달걀말이

깻잎 + 장어양념구이 + 우엉볶음

아보카도 + 오이피클 + 훈제연어 + 참깨

참치마요 + 단무지

달걀지단 + 어묵조림 + 오이무침

깻잎 + 볶음김치 + 날치알

불고기 + 시금치무침 + 단무지

게맛살 + 어묵조림+ 오이무침 + 검은깨

절임오이 + 스팸

심플 미니 김밥

잔멸치볶음 + 김치무침
초밥에 달콤 짭조름한 잔멸치볶음과 김치무
침을 적당히 얹어 돌돌 만다.
김치무침 배추김치를 썰어 국물을 짠 후 참
기름 · 깨소금(각 1큰술씩)을 넣어 무친다.

참치마요 + 단무지
기름을 제거한 참치 통조림(작은 것)에 마요
네즈(2큰술)를 넣어 버무린 후 초밥에 김밥용
단무지와 함께 얹어 돌돌 만다.

달걀지단 + 어묵조림 + 오이무침
달걀을 곱게 풀어 지단을 부친 후 네모 모양
으로 잘라 그 위에 초밥을 얹고 달콤 짭조름
하게 조린 어묵, 오이무침을 얹어 돌돌 만다.
랩으로 감싸 모양을 고정시킨다.
오이무침 오이(1개)를 굵게 채 썬 후 소금(1작
은술)에 절여 물기를 꼭 짠 후 깨소금(2작은
술)과 참기름(1작은술)으로 양념한다.

깻잎 + 장어양념구이 + 우엉볶음
초밥 위에 깻잎 두 장을 이어 얹고 시판용 장
어양념구이를 썰어 길게 올린 후 우엉볶음을
함께 얹어 돌돌 만다.

아보카도 + 오이피클 + 훈제 연어 + 참깨
김 위에 초밥을 얇게 편 후 랩을 덮고 뒤집어
아보카도와 길쭉하게 썬 오이피클(시판용),
훈제연어를 올린 후 마요네즈를 뿌려 돌돌
말아서 겉에 참깨를 고루 묻힌다.

깻잎 + 볶음김치 + 날치알
김 위에 초밥을 얇게 편 후 랩을 덮고 뒤집어
깻잎을 두 장 이어 얹은 후 매콤하게 볶은 김
치를 얹어 돌돌 만 다음 겉에 날치알을 듬뿍
묻힌다.

불고기 + 시금치무침 + 단무지

초밥에 바삭 구운 불고기, 참기름으로 무친 시금치, 단무지를 얹어 돌돌 만다.

바싹 구운 불고기 불고기용 쇠고기(300g)에 간장(2큰술), 설탕 · 다진 파 · 깨소금(1큰술 씩), 참기름(½큰술), 다진 마늘(1작은술), 후 춧가루(약간)를 넣고 무쳐 물기없이 굽는다.

고기우엉볶음 + 달걀말이

초밥에 갈은 고기와 당근을 넣어 달콤 짭조 름하게 볶은 우엉, 길게 썬 달걀말이를 얹어 돌돌 만다.

절임오이 + 스팸

오이를 필러로 넓적하게 썰어 소금에 절인 후 물기를 닦고 여러 장 겹쳐 넓게 편다. 그 위에 후리카케를 넣어 버무린 초밥을 얹고 구운 스팸을 올려 돌돌 만 후 랩으로 감싸 모 양을 고정시킨다.

치즈 + 오이무침 + 게맛살

초밥 위에 슬라이스 치즈를 얹은 후 오이무 침, 게맛살을 얹어 돌돌 만다.

오이무침_ 오이(1개)를 굵게 채 썬 후 소금(1 작은술)에 절여 물기를 꼭 짠 후 깨소금(2작 은술)과 참기름(1작은술)으로 양념한다.

게맛살 + 어묵조림 + 오이무침 + 검은깨

김 위에 초밥을 얇게 편 후 랩을 덮고 뒤집어 서 마요네즈에 버무린 게맛살, 달콤 짭조름 하게 조린 어묵, 오이무침을 얹어 돌돌 만 후 표면에 검은깨를 듬뿍 묻힌다.

돈가스 + 오이피클

돈가스를 스틱 모양으로 만들어 튀겨서 초밥 에 얹고 마요네즈와 돈가스 소스를 조금 뿌 린 후 오이피클(시판용)을 썰어 함께 올려 돌 돌 만다.

스팸 + 무말랭이무침

굵게 채 썰어 구운 스팸과 매콤 달콤하게 무 친 무말랭이를 초밥에 함께 얹어 돌돌 만다.

밥 싫어하는 아이들도 잘 먹는
돌돌이 롤 샌드위치

"롤 샌드위치도 김밥을 싸듯 그렇게 돌돌 말아주면 그만입니다.
게다가 먹기도 여간 간편한 게 아닙니다.
한입에 쏙! 맛있게 냠냠! 이런 게 롤의 매력입니다.
빵집에서 사다 먹으면 정말 쉽겠지만,
어느 날 하루쯤은 정성껏 준비한 돌돌이 집빵으로
정성을 과시해 보는 거지요."

양상추 + 훈제연어 + 아보카도

체다치즈 + 사과 + 견과류

상추 + 새우튀김

샌드위치용 햄 + 삶은 달걀

크림치즈 + 호두 + 말린 과일

프라이드치킨 + 오이피클

감자오이햄샐러드

참치마요 + 양파 + 오이피클

데리야키치킨 + 피망 + 파프리카

상추 + 불고기 + 오이피클

훈제연어 + 양파

상추 + 스테이크 + 볶음 양파

양상추 + 베이컨 + 오이피클

귀여운 롤 샌드위치

양상추 + 훈제 연어 + 아보카도
곡물 식빵에 양상추를 얹은 후 훈제 연어와 아보카도를 길게 썰어 올리고 토마토케첩과 마요네즈를 1 : 2로 섞어 바른 후 돌돌 만다.

상추 + 새우튀김
곡물 식빵에 상추를 깔고 새우 튀김을 얹은 후 머스터드소스(시판용)와 마요네즈를 적당히 뿌려 돌돌 만다. 새우는 냉동 제품도 무관하다.

롤 샌드위치

재료 식빵, 곡물 식빵, 또띠야, 버터 약간

이렇게 만드세요

1 식빵은 갓 구입한 부드러운 것을 사용하는데, 또띠야는 마른 팬에 구워 사용하면 훨씬 부드럽다.

2 식빵의 테두리를 잘라낸 후 밀대로 밀면 더 잘 밀리며, 빵이 눅눅해지지 않도록 버터를 바른 후 분량의 재료들을 얹어 돌돌 만다.

3 또띠야는 재료들이 빠지지 않도록 돌돌 말아서 랩으로 고정시킨다. 그대로 도시락에 담거나 한입 크기로 썬다.

크림치즈 + 호두 + 말린 과일
크림치즈(3큰술)에 호두와 크랜베리(1큰술씩) 등 말린 과일을 썰어 넣고 꿀(조금)을 섞어 골고루 버무린 후 식빵에 올려 돌돌 만다.

체다치즈 + 사과 + 견과류
식빵에 체다 치즈와 채 썬 사과, 호두 등 다진 견과류를 올리고 뿌려 돌돌 만다.

샌드위치용 햄 + 삶은 달걀
곡물 식빵에 샌드위치용 햄을 얹고 삶은 달걀을 둥글게 썰어 올린 후 허니 머스터드(시판용)를 발라 돌돌 만다. 샌드위치용 햄은 살짝 구워 넣으면 더 맛있다.

프라이드치킨 + 오이피클
양념해 튀긴 치킨과 오이피클(시판용)을 굵게 채 썬 후 머스터드소스를 더해 고루 버무려 식빵에 얹는다. 먹고 남은 프라이드치킨을 사용해도 좋다.

감자오이햄샐러드

감자샐러드를 곡물 식빵에 넉넉하게 얹어 돌
돌 만다.

감자샐러드 감자(2개)를 삶아 으깨 놓은 것에
소금에 절여 물기를 꼭 짠 오이, 작게 썬 햄
을 넣고 마요네즈(2큰술)와 소금·설탕·후
춧가루(약간씩)를 넣어 골고루 버무린다.

참치마요 + 양파 + 오이피클

기름기를 뺀 참치 통조림(작은 것)에 마요네
즈(2큰술)와 얇게 채 썬 양파·후춧가루(약간
씩)를 넣어 버무린 것을 식빵에 얹고 오이 피
클(시판용)을 굵게 썰어 함께 올린 다음 랩을
이용해 돌돌 만다.

데리야키치킨 + 피망 + 파프리카

또띠야에 데리야키소스(시판용)를 발라 구운
치킨, 채 썬 피망과 파프리카를 올리고 허니
머스터드(시판용)를 발라 돌돌 말아서 한입
크기로 썬다. 또띠야는 마른 팬에 부드럽게
구워 사용한다.

상추 + 불고기 + 오이피클

식빵 위에 상추를 얹은 후 불고기를 국물 없
이 바싹 구워 올리고 채 썬 오이피클을 얹은
후, 머스터드 소스(시판용)를 발라 돌돌 만다.

양상추 + 베이컨 + 오이피클

식빵에 양상추와 바삭하게 구운 베이컨, 굵
게 썬 오이피클(시판용)을 얹어 돌돌 만다.

훈제연어 + 양파

식빵에 훈제연어와 채 썬 양파를 얹고 머스
터드 소스(시판용)를 발라 돌돌 만다. 양파의
매운맛을 없애려면 물에 담가 두었다가 건져
물기를 꼭 짠 후 사용한다.

상추 + 스테이크 + 볶음 양파

구운 또띠야에 상추를 깔고 소금과 후춧가루
로 간해 구운 스테이크를 채 썰어 얹은 후 소
금과 후춧가루로 맛을 낸 양파채 볶음을 올
리고 스테이크소스(시판용)와 머스터드 소스
를 발라 돌돌 만다.

미리 만들어 아침에 담기만 하면 되는…
맛깔 밑반찬

"만들어 두면 도시락 반찬으로 제격이고,
식사 때 상에 올리기도 딱 좋은 식탁의 감초, 밑반찬들!
18가지의 고만고만한 아이들을 소개합니다.
생긴 모양은 별거 아니어도 감칠맛은 최고여서
밥 한 그릇 뚝딱 비워내게 만드는 기분 좋은 밥도둑입니다."

쥐포볶음

재료 쥐포 4장, 호두 3큰술,
간장 · 맛술 · 물엿 · 마요네즈 1큰술씩,
통깨 2작은술, 설탕 ½작은술, 물 2큰술

이렇게 만드세요
1 쥐포는 적당한 크기로 썰어 물에 담갔다 건져 물기를 뺀다.
2 팬에 간장과 맛술, 물엿, 설탕, 물을 넣어 한소끔 끓인 후 준비한 쥐포와 호두를
  넣어 조리다가 양념이 걸쭉해지면 불을 끄고 마요네즈를 섞은 후 통깨를 뿌린다.

달걀장조림

재료 쇠고기(장조림용) 600g, 달걀 3개, 굵은 파 1대, 마늘 5쪽
양념_ 마늘 2쪽, 간장 ¾컵, 설탕 4½큰술

이렇게 만드세요

1 쇠고기는 큼직하게 5, 6등분해 물에 담가 핏물을
   빼고, 달걀은 10분 정도 삶아 찬물에 담가서 껍질을
   벗긴다. 굵은 파는 길게 자르고 양념으로 사용할
   마늘은 저며 썬다.

2 핏물을 뺀 고기를 흐르는 물에 씻은 후 냄비에 담고
   고기가 푹 잠길 만큼 물을 부은 후 준비한 파와
   마늘을 넣고 거품을 걷어내면서 끓인다.

3 ②의 고기를 젓가락으로 찔러 푹 들어가면서 핏물이
   나오지 않으면 고기를 건져 내고 국물은 체에 거른다.

4 냄비에 삶은 고기와 저민 마늘, 설탕과 간장을
   넣고, ③의 육수 1컵 반을 부어 센 불에서 한소끔
   끓인 후 불을 줄여 뭉근하게 조린다.

5 ④의 국물이 반으로 졸아들면 삶은 달걀을 넣어
   국물을 끼얹어가며 좀 더 조린 후 불을 끄고 식혀
   고기를 결대로 찢는다.

황태채무침

재료 황태채 60g
양념_ 고추장 1큰술, 다진 마늘 · 참기름 ½큰술씩, 다진 파 ·
통깨 2작은술씩, 고춧가루 · 설탕 · 간장 1작은술씩

이렇게 만드세요

1 황태채는 그대로 사용하거나 단단한 것은 물에
   살짝 씻어 물기를 꼭 짠다.

2 양념 재료를 한데 담아 골고루 섞은 다음 준비한
   황태채를 넣고 조물조물 무친다.

수제후리가케

재료 가다랭이참깨_ 가다랭이 가루 20g, 통깨 1큰술, 김 1장,
고운 소금 약간
명란파_ 명란젓 100g, 청주 2큰술, 다진 파 1큰술

이렇게 만드세요

1 가다랭이 가루와 통깨는 마른 팬에 각각 볶아 수분을
  없애고, 김은 살짝 굽는다.

2 ①의 가다랭이 가루와 김을 비닐봉지에 담아 잘게
  부수고 통깨와 소금을 섞어서 용기에 담는다.

3 달군 팬에 속만 발라낸 명란젓, 청주, 다진 파를 넣고
  수분이 없어질 때까지 볶은 다음 식혀 용기에 담는다.

4 각각 냉장 보관한 뒤 필요할 때마다 꺼내 사용한다.

알감자고기조림

재료 알감자 400g, 쇠고기 100g, 마늘 3쪽, 통깨 1큰술, 식용유 약간,
물 1컵
양념_ 간장 2큰술, 설탕 · 맛술 1큰술씩, 굴소스 · 물엿 1작은술씩,
후춧가루 약간

이렇게 만드세요

1 알감자는 껍질째 깨끗이 씻은 후 물기를 빼고,
  쇠고기는 한입 크기로 썬다. 마늘은 잘게 다진다

2 달군 팬에 기름을 두르고 다진 마늘을 볶다가
  향이 나면 고기를 함께 볶는다.

3 ②의 고기 색이 변하면 알감자를 넣어 굴려가며
  볶다가 양념 재료와 물 1컵을 넣어 한소끔 끓인 후
  불을 줄여 뚜껑을 덮고 알감자가 익을 때까지 조린다.
  가끔 국물을 끼얹어가며 뒤섞는다.

4 ③의 알감자가 익으면 불을 세게 해서 수분을 날려
  버린 후 불을 끄고 통깨를 뿌려 섞는다.

감자채볶음

재료 감자 2개, 양파 ½개, 당근 ¼개, 소금 1작은술, 설탕 ½작은술,
후춧가루 약간, 식용유 3큰술

이렇게 만드세요

1 감자는 가늘게 채 썰어 물에 여러 번 헹군 후 새
물에 담가 두었다가 체에 담아 물기를 뺀다. 양파와
당근은 가늘게 채 썬다.

2 달군 팬에 기름을 넉넉히 두르고 준비한 감자와
양파, 당근을 넣어 한참을 달달 볶다가 거의 익으면
소금과 설탕을 넣어 골고루 섞고 마지막에
후춧가루를 넣어 맛을 더한다.

취나물무침

재료 데친 취나물 180g
양념_ 국간장 · 다진 파 · 마늘 · 참기름 1큰술씩,
깨소금 2작은술, 설탕 약간

이렇게 만드세요

1 취나물은 데친 것으로 준비해 물에 씻어 건진 후
물기를 꼭 짜고 먹기 좋게 썬다.

2 양념 재료들을 한데 담아 골고루 섞은 후 준비한
취나물을 넣어 조물조물 무친다.

김무침

재료 김 10장
양념_ 간장 2큰술, 맛술 · 다진 파 1큰술씩,
참기름 2작은술, 설탕 · 다진 마늘 · 통깨 1작은술씩

이렇게 만드세요

1 김은 불에 살짝 구워 비닐봉지에 넣고 잘게 부순다.
2 양념 재료를 한데 담아 골고루 섞은 다음 준비한
김을 넣고 조물조물 무친다.

무말랭이무침

재료 무말랭이 50g
양념_ 간장 · 고춧가루 · 참기름 1큰술씩, 통깨 · 물엿 2작은술씩,
설탕 · 다진 마늘 1작은술씩

이렇게 만드세요

1 무말랭이는 물에 씻은 후 새 물에 30분 정도 담가
불린 후 물기를 뺀다.
2 양념 재료를 한데 담아 골고루 섞고 ①을 넣어
빨갛게 물이 들도록 한참을 조물조물 무친다.

김치참치볶음

재료 배추김치(잘 익은 것) ¼포기, 참치 통조림(작은 것) 1통,
양파 ½개, 쪽파 3뿌리, 청주 1큰술, 다진 마늘 2작은술, 설탕 1작은술,
깨소금 · 식용유 약간씩

이렇게 만드세요

1 김치는 속을 털어 한입 크기로 큼직하게 썰고,
참치 통조림은 체에 담아 기름기를 제거한다.
양파는 굵게 채 썰고, 쪽파는 다듬어 씻어
3cm 길이로 썬다.
2 달군 팬에 기름을 두르고 양파를 볶다가 투명하게
익으면 준비한 김치를 넣어 함께 볶는다.
3 ②가 어느 정도 익으면 준비한 참치와 청주, 다진
마늘, 설탕을 넣고 골고루 섞으면서 좀 더 볶는다.
불에서 내리기 직전 쪽파와 깨소금을 넣어 섞는다.

진미채매콤무침

재료 진미채 120g
양념_ 고추장 2큰술, 맛술 · 물엿 · 식초 · 다진파 1큰술씩, 고춧가루
½큰술, 간장 2작은술, 설탕 · 다진 마늘 1작은술씩, 깨소금 약간

이렇게 만드세요

1 진미채는 물에 살짝 씻어 체에 건져 물기를 말끔히
제거한 후 적당한 길이로 썬다.
2 양념 재료를 골고루 섞어 양념장을 만든 후
준비한 진미채를 넣어 조물조물 무친다.

어묵볶음

재료 둥근 어묵 250g, 양파 ½개,
당근 ⅓개, 굵은 파 ½대, 식용유 약간
양념_ 간장 2큰술, 맛술·물엿 1큰술씩,
참기름 2작은술, 다진 마늘·깨소금
1작은술씩, 후춧가루 약간

이렇게 만드세요

1 어묵은 끓는 물에 살짝 데쳐 체에 담아 물기를 빼고, 양파는 네모 모양으로 썬다.
2 당근은 반으로 길게 잘라 어슷하게 저며 썰고, 굵은 파도 어슷하게 썬다.
3 양념 재료는 한데 담아 골고루 섞는다.
4 달군 팬에 기름을 두르고 양파를 볶다가 준비한 어묵, 당근을 함께 넣어 볶은 후
  양념장과 파를 넣고 고루 섞으면서 좀 더 볶는다.

콩조림

재료 검정콩 1컵, 물엿 1큰술, 통깨 약간
양념_ 간장 4큰술, 설탕 3큰술, 콩 삶은 물 ¾컵

이렇게 만드세요

1 검정콩은 씻어 하룻밤 정도 물에 담가 불렸다가 콩이
  잠길 정도의 물을 붓고 끓인다.

2 ①의 콩을 먹어봐서 비린내가 나지 않고 구수하면
  콩은 건지고 콩 삶은 물은 따로 받아둔다.

3 냄비에 삶은 콩과 간장, 설탕, 콩 삶은 물을 넣어
  한소끔 끓인 후 불을 줄여 서서히 조리는데 중간에
  국물을 끼얹어가며 조린다.

4 국물이 거의 없어지면 마지막에 물엿을 넣어
  윤기 나게 고루 섞고 통깨를 뿌린다.

오징어실채볶음

재료 오징어실채 100g, 참기름 · 깨소금 약간씩
양념_ 설탕 1½큰술, 참기름 1큰술, 간장 2작은술

이렇게 만드세요

1 오징어실채는 가위로 적당히 잘라 손으로
  덩어리진 것을 푼 다음 양념 재료를 전부 넣어
  충분히 버무린다.

2 팬에 양념한 오징어실채를 올려 아주 약한 불에서
  골고루 펴면서 천천히 볶는다.

3 양념이 고루 배면서 알맞게 볶아지면 불을 끈 후
  참기름과 깨소금을 넣어 고루 섞는다.

무생채

재료 무 200g, 소금 2작은술, 고춧가루 1½큰술
양념_ 식초 · 다진 파 · 통깨 2작은술씩, 설탕 · 다진 마늘 1작은술씩

이렇게 만드세요

1 무는 가늘게 채 썰어 분량의 소금으로 가볍게 절인 후 30분 정도 두었다가 물기를 꼭 짠다.

2 ①의 절인 무에 고춧가루를 넣어 조물조물 무쳐서 빨갛게 물을 들인다.

3 양념 재료를 한데 담아 고루 섞은 후 ②의 무를 넣어 골고루 버무린다.

어묵고추장조림

재료 어묵 200g, 양파 ½개, 굵은 파 ½대, 마늘 2쪽, 통깨 1큰술, 식용유 3큰술
양념_ 물 2큰술, 고추장 · 맛술 1큰술씩, 간장 · 설탕 · 물엿 1작은술씩

이렇게 만드세요

1 어묵은 적당한 크기로 썰어 끓는 물에 살짝 데친 후 체에 담아 물기를 뺀다.

2 양파는 큼직하게 썰고, 굵은 파는 어슷하게 썬다. 마늘은 잘게 다진다.

3 양념 재료는 한데 담아 골고루 섞는다.

4 달군 팬에 기름을 두르고 다진 마늘을 넣어 볶다가 향이 나면 어묵과 양파를 넣어 충분히 볶은 후 따로 담는다.

5 ④의 팬에 양념장을 넣어 한소끔 끓인 후 볶은 어묵과 양파를 넣어 조린다. 간이 고루 배면 어슷하게 썬 파를 넣어 섞은 후 마지막에 통깨를 뿌린다.

소시지채소볶음

재료 프랑크 소시지 200g, 피망 1개, 양파 ½개, 당근 ⅓개, 굵은 파 ½대, 통깨 1큰술, 식용유 약간
양념_ 토마토케첩 3큰술, 물엿 1큰술, 간장 2작은술, 고추장 1작은술, 후춧가루 약간

이렇게 만드세요

1 프랑크 소시지는 어슷어슷 큼직하게 썰고, 피망은 속 씨를 제거하고 큼직하게 한입 크기로 썬다.

2 양파는 네모 모양으로 큼직하게 썰고 당근은 길게 반으로 잘라 어슷하게 썬다. 굵은 파도 손질한 뒤 어슷하게 썬다.

3 양념 재료를 한데 담아 골고루 섞는다.

4 달군 팬에 기름을 두르고 손질한 양파와 당근을 볶다가 어느 정도 익으면 피망과 소시지, 굵은 파를 넣어 볶으면서 양념장을 넣고 골고루 섞는다. 불에서 내리기 직전 통깨를 뿌려 섞는다.

고구마조림

재료 고구마 2개, 설탕·물엿 ½큰술씩,
간장 2작은술, 검은깨 약간

이렇게 만드세요

1 고구마는 깨끗이 씻어 껍질째 큰 것은 반달 모양으로 도톰하게 저며 썰고,
  작은 것은 그대로 동그랗게 썬다.

2 팬에 고구마를 가지런히 올린 후 물을 자작하게 붓고 뚜껑을 덮어 충분히 익힌다.

3 ②의 물을 조금만 남기고 따라 버리고 설탕과 간장을 넣어 조리다가 국물이
  거의 없어지면 물엿을 넣고 고루 섞은 후 검은깨를 뿌린다.

"엄마, 매일매일 도시락 싸줄 거야?"

숙제가 많은 인생입니다. 엄마의 숙제는 끝나지 않는 수평선 같습니다.
이다음에 늙어서 꼬부랑 할머니가 될 때까지 이럴 거예요.
왜냐하면 그런 게 엄마니까요.
다 큰 자식들 찾아오는 날이면 상다리 휘어지게 음식 차려내는
내 엄마를 보니 그래요. 정말… 그렇더라고요.
고단한 행복입니다. 고단하지만 행복하니까 피할 수 없는 그런 것.
엄마 도시락을 맛본 아이는 룰루랄라 콧노래를 부르고 다니다가
기어이 묻게 되겠지요.
"엄마, 내일도 모레도 날마다 도시락 싸줄 거야?"
그 말이 기운 없던 몸을 다시 일으켜 세우겠지요.
내 아이가 기뻐하니까, 맛있어 하면서 잘 먹으니까.
그리고 나무 막대기 같은 남편도 은근히 좋아하니까.
온 가족이 종종 걸음으로 하루를 견뎌내야 하는 드라마틱하게 바쁜 세상에
도시락 이벤트보다 더 맛있는 행복도 없을 것 같습니다.
이 책을 준비하는 과정도 그래서 행복했습니다.
누군가는 이 속에 담긴 음식 몇 가지 때문에 또 하루를 살 힘을 얻을 것 같아서 말입니다.
도시락 들고 집을 나서듯, 그렇게 하루하루 집 밖에서 펼쳐지는 인생.
그 고단한 인생이 수수한 도시락 하나에 조금은 더 맛있어졌으면
참 좋겠습니다. 그 진심을 채워 넣으며 도시락 뚜껑을 닫습니다.

김수연

도시락이 좋아

내 남자를 위한 연애 도시락

「도시락이 좋아」
두 번째 책
곧 출간됩니다!

'도시락으로 남자 마음을 살 수 있겠어?'라고 생각하는 당신에게…

고수들의 비책, 연애 도시락을 싸라!

올해 안에는 기필코 프러포즈를 받고야 말겠다는

야무진 각오의 당신이라면,

100일 기념, 300일 기념, 생일, 밸런타인데이…

깜짝 선물이 필요한 당신이라면,

요즘 자꾸 한눈파는 남친을 사로잡을

비장의 무기가 필요한 당신이라면,

'넌 연애 상대로 딱이야!'라고 말하는

남친에게 본때를 보여주고 싶은 당신이라면,

알쏭달쏭, 도무지 마음 읽히지 않는 '썸남'을

매달리게 하고 싶은 당신이라면,

'현빈을 상상하며 신부 수업이나 하련다!'라고

마음먹은 '모태솔로' 당신이라면,

'엄마 밥상'만 외쳐대는 입 짧은 남편 때문에

허구한 날 티격태격하는 당신이라면….

기다리라. 곧 온다.

연애 유형별, 시기별 맞춤 도시락으로 남자 마음 사로잡는

야심만만 요리 비법 책!

내 가족을 위한 건강 도시락

도시락이 좋아

초판 1쇄 발행 2012년 5월 10일
초판 2쇄 발행 2013년 1월 10일

지은이 | 김수연
펴낸이 | 김우연, 계명훈
기획 · 진행 | fbook 김수경, 김연, 배수은, 김진경, 최윤정
마케팅 | 함송이, 강소연
디자인 | design group ALL(02-776-9862)
디자인 자문 _ 고희청(용인송담대학 시각디자인과 교수)
            문재성(용인송담대학 시각디자인과 겸임교수)

사진 | 한정수(etc. studio 02-3442-1907)
일러스트 | 최경애(blog.naver.com/gnun00)
교정 | 김혜정
출력 | 테크미디어
인쇄 | 미래 프린팅

펴낸 곳 | for book 서울시 마포구 공덕동 105-219 정화빌딩 3층
판매 문의 | 02-753-2700(에디터)
출판 등록 | 2005년 8월 5일 제 2-4209호

값 12,000원
ISBN 978-89-93418-41-5   13590